小学轻松学系列

容易学会的诗文名句

RONGYI XUE HUI DE SHIWEN MINGJU

汉语大字典编纂处 编著

四川辞书出版社

图书在版编目(CIP)数据

容易学会的诗文名句/汉语大字典编纂处编著. —
成都:四川辞书出版社,2018.6
(小学轻松学系列)
ISBN 978-7-5579-0318-3

Ⅰ.①容… Ⅱ.①汉… Ⅲ.①古典诗歌—中国—小学—教学参考资料 ②文言文—小学—教学参考资料 Ⅳ.①G624.203

中国版本图书馆 CIP 数据核字(2018)第 081725 号

容易学会的诗文名句

汉语大字典编纂处 编著

策　　划	李　晓
责任编辑	潘　静
封面设计	陈靖文
责任印制	肖　鹏
出版发行	四川辞书出版社
地　　址	成都市槐树街 2 号
邮政编码	610031
印　　刷	四川翔川印务有限公司
开　　本	850 mm×1 168 mm　1/24
印　　张	6
版　　次	2018 年 6 月第 1 版
印　　次	2018 年 6 月第 1 次印刷
书　　号	ISBN 978-7-5579-0318-3
定　　价	32.00 元

· 发行部电话:(028)87734281　87734332

出版说明

本套丛书由汉语大字典编纂处和一线语文教师编写，旨在帮助小学生丰富词汇，全面提升语文能力。

丛书共有八册：《容易写错的字》《容易读错的字》《容易用混的词》《容易学会的成语》《容易用错的成语》《容易学会的诗文名句》《小学生应该掌握的古诗词》《小学生应该掌握的成语故事》。

丛书根据小学生学习需要和阅读习惯编写，具有如下特点：

❖ 针对性强，依据小学语文教学大纲编写；

❖ 涵盖面广，内容涵盖字、词、句、文，整体提升语文能力；

❖ 功能多样，可查检，也可阅读；

❖ 内容简洁，通俗易懂，易读易记。

目 录

古文篇

诗词篇

古文篇

志 向

天行健，君子以自强不息。

——《易经·乾·象》

【注释】**天**：这里指自然。

【大意】自然本来刚强坚毅，君子也应该像自然那样奋发图强，自强不息。

富贵不能淫，贫贱不能移，威武不能屈，此之谓大丈夫。

——《孟子·滕文公下》

【注释】**淫**：过分。 **移**：改变。

【大意】富贵的生活不能使其过度奢侈，贫贱的处境不能使其改变节操，威武的气势不能使其屈服，这就是大丈夫。

非淡泊无以明志，非宁静无以致远。

——诸葛亮《诸葛忠武书·诫子》

【注释】**淡泊**：恬淡的生活态度。

【大意】不保持恬淡的态度就不能树立明确的志向，不保持宁静的心境就不能实现远大的目标。

弃燕雀之小志，慕鸿鹄以高翔。

——丘迟《与陈伯之书》

【注释】**燕雀**：比喻平庸者，眼界小的人。

鸿鹄（hú）：比喻志向远大的人。

【大意】放弃燕子麻雀目光短浅的小志向，而像鸿雁天鹅展翅高飞，心怀远大。

有志者，事竟成。

——范晔《后汉书》

【注释】**竟**：终究。

【大意】有坚定志向的人，做事情一定能够成功。

老当益壮，宁移白首之心？穷且益坚，不坠青云之志。

——王勃《滕王阁序》

【注释】**白首**：指年老。 **青云之志**：比喻远大崇高的志向。

【大意】虽然年老，但是豪情更加雄壮，怎么能够因为年老改变志向？虽然困顿，意志却更加坚定，不会放弃远大而崇高的理想。

山不在高，有仙则名；水不在深，有龙则灵。

——刘禹锡《陋室铭》

【注释】**名**：出名。 **灵**：有灵气。

【大意】山不在于多高，只要有仙人居住就会有名；水不在于多深，只要有龙就会显得有灵气。

先天下之忧而忧，后天下之乐而乐。

——范仲淹《岳阳楼记》

【注释】**先**：在……之前。

【大意】在天下人忧虑之前先忧虑，在天下人快乐之后再快乐。表现了一种以国家人民为先、天下为公的精神。

一息尚存，此志不容稍懈。

——程允升《幼学琼林》

【注释】**一息：**一口气。指生命。

【大意】只要还有一口气在，立下的志向就不能有些许的懈怠。

有志不在年高，无志空长百岁。

——石成金《传家宝》

【注释】**年高：**年龄大。

【大意】只要有远大的志向，小小年纪也没有关系。即使一把年纪，没有志向，也是虚度光阴。

劝　学

温故而知新，可以为师矣。

——《论语·为政》

【注释】**温**：温习。

【大意】温习过去学过的知识可以获得新的知识，真正做到的人就能当老师了。

学而不思则罔；思而不学则殆。

——《论语·为政》

【注释】**罔**（wǎng）：通“惘”，迷惑不解。

殆（dài）：精神疲惫而没有收获。

【大意】如果只是学习而不思考，就会迷惑不解而不能有所收获；如果只是思考而不学习，就会感到精神疲倦而没有收获。

知之者不如好之者，好之者不如乐之者。

——《论语·雍也》

【注释】**知**：懂得，了解。 **好**：以……为爱好。

乐：以……为乐趣。

【大意】知道如何学习的人比不上爱好学习的人，而爱好学习的人比不上以学习为乐的人。

敏而好学，不耻下问。

——《论语·公冶长》

【注释】**敏**：聪明。 **耻**：以……为耻。

【大意】天生聪明还勤奋好学，并不以向不如自己的人请教为耻。

不积跬步，无以至千里；不积小流，无以成江海。

——《荀子·劝学》

【注释】**跬**（kuǐ）：半步。

【大意】人不一步半步地向前行走，就不能到达很远的地方；不积累细流，就不能汇聚成大江大海。

博学之，审问之，慎思之，明辨之，笃行之。

——《礼记·中庸》

【注释】**审**：仔细，认真。　**慎**：慎重。

笃：切实，坚定。

【大意】学习要广泛涉猎，要虚心求教询问，要慎重地思考，要有清晰的判断力，还要有将学到的知识付诸实践的能力。

玉不琢，不成器。人不学，不知道。

——《礼记·学记》

【注释】**琢**：雕、刻。

【大意】玉石不经过雕琢，就不能成为器物。人不学习，就不懂得道理。比喻人不经过磨炼，难以成才而有所成就。

独学而无友，则孤陋而寡闻。

——《礼记·学记》

【注释】**孤陋**：孤僻鄙陋。　**寡闻**：见闻少。

【大意】如果独自学习而不与人相互交流，就会变得见识不广，学识浅薄。

书犹药也，善读之可以医愚。

——刘向

【注释】**犹**：像。

【大意】书就像药一样，善于读书就可以治疗人的愚蠢。这句话说明书是人精神的良药，常读书可以使人摆脱愚昧，陶冶情操。

一日无书，百事荒芜。

——陈寿

【注释】**荒芜**：废弛，荒疏。

【大意】如果一日不读书，就觉得人生无趣，百无聊赖。说明读书的重要性。

操千曲而后晓声，观千剑而后识器。

——刘勰《文心雕龙》

【注释】**操**：练习。

【大意】练习过很多曲子之后才知道什么是音乐，观察过很多剑之后才知道怎么识别剑器。这句话说明了博览、勤练在学习中的重要性。

业精于勤，荒于嬉；行成于思，毁于随。

——韩愈《进学解》

【注释】**随**：因循随俗。

【大意】只有勤奋努力学业才会专精，嬉戏玩乐只能使学业荒废；只有不断地思考才能形成高尚的德行，随波逐流只能将德行毁于一旦。

读书有三到，谓心到、眼到、口到。

——朱熹

【大意】读书最有效的方法是全神贯注，心既要思考，眼睛要阅读，口中还要念诵。

书山有路勤为径，学海无涯苦作舟。

——《增广贤文》

【注释】**径**：小路。

【大意】面对堆积如山的书籍，只有勤奋是通向山顶唯一的途径；想要掌握浩瀚如海的学问，只有刻苦的学习才是渡海的船。

读书须用意，一字值千金。

——《增广贤文》

【大意】读书要专心一致，不可囫囵吞枣。有的字可价值千两黄金。

诚信友善

轻诺必寡信。

——《老子》

【注释】**诺：**许诺。　**寡：**缺少。

【大意】轻易许下承诺的人，必定是一个不守信用的人。

不精不诚，不能动人。

——《庄子·渔父》

【注释】**精：**至真。

【大意】不真诚就不能打动人。

言必信，行必果。

——《论语·子路》

【注释】**信**：守信用。　　**果**：有结果。

【大意】说出的话一定要守信用，做事一定要有结果。

与朋友交，言而有信。

——《论语·学而》

【注释】**信**：信用。

【大意】与朋友交往，一定要恪守信用。这句话说明交友要坚持诚信守诺的原则。

己所不欲，勿施于人。

——《论语·颜渊》

【注释】**欲**：想做。　　**施**：施加。

【大意】自己都不想做的事情不要强加给他人。这句话揭示了做人处世的一个重要原则就是要平等待人，推己及人。

民无信不立。

——《论语·颜渊》

【注释】**立**：存在。

【大意】如果人民都不信任统治者了，那么国家就不可能存在了。这句话说明诚信是立国之本。

爱人者，人恒爱之；敬人者，人恒敬之。

——《孟子·离娄下》

【注释】**恒**：永远。

【大意】爱他人的人，他人也永远爱他；尊敬他人的人，他人也永远尊敬他。

强不执弱，众不劫寡，富不侮贫，贵不敖贱，诈不欺愚。

——《墨子·兼爱》

【注释】**执**：欺负，压迫。　**敖**：贬低，看轻。

【大意】强大的不欺负弱小的，人多的不为难人少的，富裕的不侮辱贫穷的，身份高贵的不作践身份卑微的，狡诈的不欺骗愚笨的。

诚者，天之道也，诚之者，人之道也。

——《礼记》

【注释】**道**：法则。

【大意】诚信是天地间的根本规则。而追求诚信，也是做人的根本原则。这句话强调诚信做人的重要性。

精诚所加，金石为开。

——范晔《后汉书》

【注释】**精诚**：至诚。

【大意】只要人有足够的诚心，天地都会为之感动，使金石开裂。比喻只要诚心诚意去做，什么疑难问题都能被解决。

勿以恶小而为之，勿以善小而不为。

——刘备

【注释】**勿**：不要。

【大意】不要因为恶事小就去做，也不要因为善事小而不去做。

所守者道义，所行者忠信，所惜者名节。

——欧阳修《朋党论》

【注释】**守**：坚守，信奉。

【大意】君子所坚守的是道义，所力行的是忠信之事，所珍惜的是个人的名节。

有所期诺，纤毫必偿；有所期约，时刻不易。

——袁采《袁氏世范》

【注释】**期约**：约定。

【大意】只要承诺了，哪怕一丝一毫也要偿还清楚；只要约定了时间，一分一秒也不能更改。

千里送鹅毛，礼轻情意重。

——《增广贤文》

【注释】**千里**：虚指，指路途遥远。

【大意】千里迢迢只送来一根鹅毛，礼物虽然轻，但情谊却很深厚。

杂　论

祸兮福之所倚，福兮祸之所伏。

——《老子》

【注释】**倚**：依靠。　**伏**：潜伏，隐藏。

【大意】祸与福是可以互相转化的。有的时候坏事可能出现好的结果，好事也可能出现坏的结果。所以，祸与福之间不是一成不变的。

千里之行，始于足下。

——《老子》

【大意】即使要走一千里的路，也要从迈第一步开始。这句话说明再大的事情也要从头做起，慢慢积累。

三人行，必有我师焉；择其善者而从之，其不善者而改之。

——《论语·述而》

【大意】几个人同行，其中必有我可以学习的老师；选择别人的优点去学习，看到别人的缺点，自己就加以改正。

无欲速，无见小利。欲速则不达，见小利则大事不成。

——《论语·子路》

【注释】**速**：快。

【大意】凡事不要求快，不要贪求小利。过分求快反而达不到自己的目的，贪图小便宜往往做不成大事情。

知者乐（yào）水，仁者乐（yào）山；知者动，仁者静；知者乐（lè），仁者寿。

——《论语·雍也》

【注释】**知者**：智慧的人。

【大意】智慧的人以水为乐，仁义的人以山为乐；智慧的人懂得变通，仁义的人心境平和；智慧的人快乐，仁义的人长寿。

工欲善其事，必先利其器。

——《论语·卫灵公》

【注释】**善：**做好。　**利：**使……锋利。

【大意】工匠想要做好自己的工作，一定要先让工具锋利好用。这句话说明要做好一件事情，充分的准备工作是非常重要的。

兵者，国之大事，死生之地，存亡之道，不可不察也。

——《孙子兵法》

【注释】**兵：**战争。　**察：**考察，分析。

【大意】战争是国家的大事要务，它关系到百姓的生死，国家的存亡，不能不谨慎周密地思考和研究。

是故百战百胜，非善之善者也；不战而屈人之兵，善之善者也。

——《孙子兵法》

【注释】**善：**高明。　**屈：**使屈服。

【大意】因此百战百胜，不算是最高明的作战者；不用出兵而使敌人屈服的人，才算是高明中最高明的。

夫兵久而国利者，未之有也。

——《孙子兵法》

【注释】**夫**：语气词。

【大意】持续地用兵作战，对于国家来说从来都是不利的。这句话说明战争对于国家来说是巨大的消耗，是极不利的。

一鼓作气，再而衰，三而竭。

——《左传》

【注释】**衰**：减弱，衰弱。　**竭**：衰竭。

【大意】第一次击鼓能振作士气，第二次击鼓时士气就开始低落，第三次击鼓士气就消失了。这句话主要是说做事要一气呵成，如果总是断断续续，会削弱你的信心。

人谁无过？过而能改，善莫大焉。

——《左传》

【注释】**过**：犯错。

【大意】谁能不犯错误呢？犯了错误而能改正，没有比这更好的事情了。

生于忧患，而死于安乐也。

——《孟子·告子下》

【大意】人会因为忧患而得以生存，会因为沉迷于安乐而衰亡。这句话说明人只有奋发图强才能有所作为，不可安于现状，不思进取。

天时不如地利，地利不如人和。

——《孟子·公孙丑下》

【注释】**天时：**利于作战的气候条件。

地利：利于作战的地理优势。

【大意】作战时有利的天气条件，比不上有利的地理形势，有利的地理形势，比不上作战中人们的上下一心，精诚团结。

鱼，我所欲也；熊掌，亦我所欲也。二者不可得兼，舍鱼而取熊掌者也。

——《孟子·告子上》

【注释】**得兼：**同时得到。

【大意】鱼，是我所想要的；熊掌，我也想要。如果这两件东西不能同时得到的话，那么我就舍弃鱼而选取熊掌。

青，取之于蓝，而青于蓝；冰，水为之，而寒于水。

——《荀子·劝学》

【注释】**青**：指靛青，是一种染料。 **蓝**：蓝草。

【大意】青色是从蓝草中提炼出来的，但颜色却比蓝草更深；冰是水凝结而成的，但却比水更冷。

锲而舍之，朽木不折；锲而不舍，金石可镂。

——《荀子·劝学》

【注释】**锲**：刻。 **舍**：停止、放弃。

【大意】如果用刀雕刻到一半就放弃，那么即使是朽木也不能折断；如果坚持不停地雕刻，即使是金属、玉石也可以雕出花纹。

甘瓜苦蒂，天下物无全美。

——《墨子》

【大意】再甘甜的瓜，瓜蒂也是苦的，天底下就没有十全十美的事物。

凡事预则立，不预则废。

——《礼记·中庸》

【注释】**预**：预先（做好准备）。 **立**：成功。

废：失败。

【大意】任何事情，事前的充分准备是成功的保证，没有准备就可能导致失败。这句话说明准备和计划对于成功的重要性。

爱亲者，不敢恶于人；敬亲者，不敢慢于人。

——《孝经·天子章》

【注释】**恶**：厌恶。 **慢**：怠慢。

【大意】要爱自己的父母，对他人父母也不敢有一点厌恶；要尊敬自己父母，对于他人父母也不敢有一丝怠慢。

孝在于质实，不在于饰貌。

——桓宽《盐铁论·孝养》

【注释】**质实**：质朴实在。 **饰貌**：显示于表面。

【大意】有孝心就要实实在在孝顺父母，要用行动来表现，而不是停留在表面上，做出很有孝心的样子。

居安思危，戒奢以俭。

——魏徵《谏太宗十思疏》

【注释】**奢**：奢侈的生活。

【大意】安逸的环境中要想着危难的时候，不要养成奢侈的生活方式，奉行节俭。

弟子不必不如师，师不必贤于弟子。

——韩愈《师说》

【注释】**不必**：不一定。

【大意】学生不一定比不上老师。老师也不一定比学生贤明。这句话有“青出于蓝胜于蓝”的意思。

人非生而知之者，孰能无惑。

——韩愈《师说》

【注释】**孰**：谁。　**惑**：疑惑。

【大意】人并不是生出来就都懂得许多道理的，谁能没有疑惑呢？

寄蜉蝣于天地，渺沧海之一粟。

——苏轼《前赤壁赋》

【注释】**蜉蝣：**一种原始有翅昆虫，生命短暂，最短仅一天。

【大意】感觉自己如同蜉蝣置身于广阔的天地中，像沧海中的一粒粟米那样渺小。这里作者感叹天地之宽阔，人之渺小。

种树者必培其根，种德者必养其心。

——王守仁《传习录》

【注释】**培：**培育。

【大意】种树的人必然要好好培养树的根部，修养品德的人必然要好好修养自己的内心。

苟有恒，何必三更眠五更起；最无益，莫过一日曝十日寒。

——胡居仁

【注释】**苟：**如果。　**曝：**晒。

【大意】如果真有恒心，又何必每天起早贪黑地劳累；最不好的事情就是晒一天，冻十天，不能持之以恒。

一粥一饭，当思来之不易；半丝半缕，恒念物力维艰。

——朱柏庐《治家格言》

【注释】**维**：是。 **艰**：艰难。

【大意】每吃一碗粥、一碗饭的时候，都应该想想这粥饭里凝聚了多少辛勤的劳动，是多么来之不易；每当我们使用生活中所需的每半根丝、每半缕线时，都要常想其中有多少物质的消耗和人们艰辛的付出。

君子爱财，取之有道。

——《增广贤文》

【注释】**道**：仁义之道。

【大意】君子只要正道得到的财物，不要不义得来之财。这句话说明赚钱要走正道。

良药苦口利于病，忠言逆耳利于行。

——《增广贤文》

【注释】**逆耳**：不好听。

【大意】好药虽然很苦，但却能治疗疾病，忠诚的话虽然有点刺耳，却对人们的一言一行有帮助。

良言一句三冬暖，恶语伤人六月寒。

——《增广贤文》

【注释】**良言：**善意的话。

【大意】一句充满同情善意的话，就能给人很大的安慰，增添勇气，即使处于寒冷的冬季也会让人感到温暖；而一句充满恶意的话可能让听者受到伤害，即使在夏季六月，也令人感到阵阵寒意。

责人之心责己，恕己之心恕人。

——《增广贤文》

【注释】**责：**责备。

【大意】以责备他人的心态来责备自己，宽恕自己的时候想想同样用宽容的态度对待别人。

诗词篇

春夏秋冬

池塘生春草，园柳变鸣禽。

——谢灵运《登池上楼》

【注释】**园柳**：园中的柳树。　**变鸣禽**：鸣叫的鸟儿换了新的种类。

【大意】池塘边的春草开始发芽生长了，垂柳吐绿，在风里飘拂着，柳枝上鸣叫的鸟儿，也换了一批新的，春天悄悄地来到了。

不知细叶谁裁出，二月春风似剪刀。

——贺知章《咏柳》

【注释】**裁**：剪裁。

【大意】袅娜的柳条，不经意间绽放出了点点嫩叶，是谁把它打扮得如此美丽呢？原来是二月的春风，像神奇的剪刀，剪裁出了千万条美丽的柳丝。

明月松间照，清泉石上流。

——王维《山居秋暝》

【大意】雨过天晴，新月当空，洁白的月光从松树的缝隙间洒下来，清澈的泉水在山石上静静流淌。这句诗描写了秋日傍晚一场秋雨后山间景色。

今夜偏知春气暖，虫声新透绿窗纱。

——刘方平《月夜》

【注释】**偏知：**才知道，表示意外。　**新透：**第一次透进来。

【大意】这是写春夜的诗句。今天才知道春天已经来了，第一次听到虫子的鸣叫从绿色的纱窗里传出来。

留连戏蝶时时舞，自在娇莺恰恰啼。

——杜甫《江畔独步寻花》

【注释】**留连：**舍不得离开。　**恰恰：**拟声词，形容鸟的叫声。

【大意】美丽的蝴蝶在盛开的花朵间留连起舞，自由自在的黄莺也在欢快地歌唱。

迟日江山丽，春风花草香。泥融飞燕子，沙暖睡鸳鸯。

——杜甫《绝句》

【注释】**迟日**：春日。　　**泥融**：春天的泥土又湿又软。

沙暖：沙子被阳光照射之后变得温暖。

【大意】春天的江河山川格外秀美，春风中飘荡着花草的清香。冻土融化，燕子忙着衔泥筑巢，成对的鸳鸯睡在温暖的沙洲上。

两个黄鹂鸣翠柳，一行白鹭上青天。

——杜甫《绝句》

【注释】**黄鹂**：黄莺。　　**白鹭**：一种水鸟。

【大意】两只黄鹂在翠绿的柳条上鸣叫，一行白鹭结伴飞上了蓝天。这句诗描写了春日美丽的风景。

穿花蛱蝶深深见，点水蜻蜓款款飞。

——杜甫《曲江》

【注释】**深深**：在花丛深处。　　**见**：现。

款款：形容徐缓的样子。

【大意】蝴蝶在花丛深处穿梭往来，蜻蜓在水面款款而飞，时不时点一下水。这句诗描写了暮春彩蝶和蜻蜓到处飞舞的景象。

春眠不觉晓，处处闻啼鸟。

——孟浩然《春晓》

【注释】**不觉晓：** 不知道天已经亮了。

【大意】春天特别好睡觉，不知不觉天已经亮了，到处都听到鸟儿的鸣唱。这句诗描写了作者在春日晨起所见到的情景。

乱花渐欲迷人眼，浅草才能没马蹄。

——白居易《钱塘湖春行》

【注释】**欲：** 将要，就要。

钱塘湖： 即杭州西湖。在今浙江省杭州市西。

【大意】春天的西湖岸边，杂花初开，笑脸迎人，令人眼花缭乱；刚冒芽的细草，像铺了一层地毯，游人骑马走过，刚好能浅浅地遮住马蹄。

小娃撑小艇，偷采白莲回。不解藏踪迹，浮萍一道开。

——白居易《池上》

【注释】**撑：** 划。　**小艇：** 小木船。

不解： 不知道。

【大意】这是一首描写夏日童趣的诗。小孩子划着小木船，偷偷采摘白莲回来。他不知道隐藏踪迹的诀窍，浮萍被小船拨开，留下一条清晰的水道。

春种一粒粟，秋收万颗子。

——李绅《悯农》

【注释】**粟：** 泛指谷物。

【大意】春天播种一粒种子，秋天就能收获大量的粮食。比喻只有辛勤的劳动才能换来丰盛的收获。

沾衣欲湿杏花雨，吹面不寒杨柳风。

——僧志南《绝句》

【注释】**杏花雨：** 杏花盛开时节的雨。　**杨柳风：** 春风。

【大意】这是写清明时节前后江南景色的诗句。杏花盛开的季节，飘洒的细雨打不湿衣服，迎面吹来的微风并不觉得寒冷。

兰溪三日桃花雨，半夜鲤鱼来上滩。

——戴叔伦《兰溪棹歌》

【注释】**兰溪：** 兰溪江，也称兰江，浙江富春江上游一支流。

棹（zhào）歌： 船家摇橹时唱的歌。

【大意】桃花春雨淅淅沥沥地下了三天，溪水猛涨，鱼儿在夜半人静之时也纷纷涌上浅滩。

天街小雨润如酥，草色遥看近却无。

——韩愈《早春呈水部张十八员外》

【注释】**天街**：指京城的街市。　**润如酥**：形容雨水细而润滑。

【大意】京城下着细润如酥的小雨，远望草地依稀连成一片，近看却只是零零星星。这句诗描写了早春雨后的景象。

银烛秋光冷画屏，轻罗小扇扑流萤。

——杜牧《秋夕》

【注释】**银烛**：白色的蜡烛。　**流萤**：飞来飞去的萤火虫。

【大意】白色的烛光使画屏显得更加幽冷。宫女们拿着团扇扑打飞来飞去的萤火虫。

千里莺啼绿映红，水村山郭酒旗风。

——杜牧《江南春》

【注释】**水村**：水乡，临水的村庄。　**山郭**：山城。郭是外城。

酒旗：酒幌，酒店外招徕顾客的旗子。

【大意】千里江南，处处有黄莺啼叫，绿叶映衬着红花。溪水流过村庄，在青山怀抱里的小镇，到处飘动着招徕顾客的酒旗。

春宵一刻值千金，花有清香月有阴。

——苏轼《春宵》

【注释】**春宵**：春夜。　　**刻**：古代计时单位，一昼夜为一百刻。

阴：阴影。

【大意】春天的夜晚，花的清香在朦胧的月色中弥散，随风袭来，令人陶醉，月亮上有嫦娥和桂树留下的阴影，这样的美景真是一刻值得上千金啊！

竹外桃花三两枝，春江水暖鸭先知。

——苏轼《惠崇〈春江晚景〉》

【注释】**竹外**：竹林之外。

【大意】竹林外，有几枝桃花已经开放，鸭子最先察觉到春天的江水已经变暖了。

枝上柳绵吹又少，天涯何处无芳草。

——苏轼《蝶恋花》

【注释】**柳绵**：即柳絮。

【大意】春天快过去了，枝上的柳絮已渐渐被风吹去，越来越少，但是天地之间，哪里没有碧绿芬芳的花草呢？

荷尽已无擎雨盖，菊残犹有傲霜枝。

——苏轼《赠刘景文》

【注释】**尽：**这里是凋败的意思。　　**擎雨盖：**这里指荷叶。

傲霜：不怕风霜。

【大意】初冬时节，荷叶凋残了，不能再像雨伞一样撑起来遮风挡雨。菊花虽然已经枯萎了，但是仍然有枝条在风雪中挺立。

若问闲情都几许？一川烟草，满城风絮，梅子黄时雨。

——贺铸《青玉案》

【注释】**都：**总共。　　**一川：**满地一片。

【大意】要是问我此刻有多少闲愁，就如那满地的烟波蔓草，满城的飞絮，还有那绵绵不尽的梅雨。这句诗描写了暮春的景象。

云淡风轻近午天，傍花随柳过前川。

——程颢《春日偶成》

【注释】**傍：**靠近。　　**随：**沿着。

【大意】正午时丽日高照，云淡风轻，我沿着花丛柳林漫步到前面的河边。这句诗描写的是春日春游的情景。

绿杨烟外晓寒轻，红杏枝头春意闹。

——宋祁《玉楼春》

【注释】**烟**：烟雾，雾气。此处比喻春天的柳树。

【大意】初春时节，大地透着一阵寒意，细柳如丝，刚刚绽放了新芽，好似一片轻烟薄雾，笼罩枝头。红艳的杏花，在枝头竞相开放，更增添了春天的蓬勃生机和热闹气息。

最喜小儿亡赖，溪头卧剥莲蓬。

——辛弃疾《清平乐·村居》

【注释】**亡赖**：同“无赖”，这里指淘气、顽皮。

【大意】最爱的是顽皮的小儿子，他正卧在溪边剥莲蓬。这句诗描写了夏日乡村的景象。

小荷才露尖尖角，早有蜻蜓立上头。

——杨万里《小池》

【注释】**小荷**：初生的荷叶。

【大意】荷叶尖尖刚露出水面，早早就有蜻蜓立在了上头。这句诗描写了初夏时小池塘的自然景物。

接天莲叶无穷碧，映日荷花别样红。

——杨万里《晓出净慈寺送林子方》

【注释】**接天：**与天连接在一起。　　**别样：**格外。

【大意】碧绿的荷叶一望无际，一直连到天边，阳光下的荷花显得分外红艳。这句诗描写了盛夏的西湖风光。

儿童急走追黄蝶，飞入菜花无处寻。

——杨万里《宿新市徐公店》

【注释】**急走：**奔跑。

【大意】小孩急匆匆地跑着追扑一只黄蝴蝶，蝴蝶飞入菜花地里便无处找寻，分不清哪里是花哪里是蝴蝶。

绿遍山原白满川，子规声里雨如烟。

——翁卷《乡村四月》

【注释】**山原：**山野和平原。　　**白：**水面上泛起的光亮。

子规：鸟名，又名杜鹃。

【大意】山地和平原都一片青绿，河水一片白茫茫的；杜鹃声声啼叫，烟雨笼罩四野。这句诗描写了春末夏初的景色。

黄梅时节家家雨，青草池塘处处蛙。

——赵师秀《约客》

【注释】**黄梅时节**：初夏江南梅子熟了的时候大都是阴雨绵绵，称为“梅雨季节”。

【大意】梅子黄时，家家都被笼罩在雨中，长满青草的池塘边上，传来阵阵蛙声。

童孙未解供耕织，也傍桑荫学种瓜。

——范成大《四时田园杂兴》

【注释】**童孙**：幼小的孩子。　**未解**：不懂得。

供：通“共”，参加。　**傍**：靠着。

【大意】幼小的孩子不懂得耕田与织布，也靠着桑树荫凉处学种瓜种豆。这句诗勾勒了一幅夏日田园的祥和情景。

等闲识得东风面，万紫千红总是春。

——朱熹《春日》

【注释】**等闲**：随便。　**东风**：春风。

【大意】处处都能领略到拂面而来的春风，吹得万紫千红，春意盎然。

枯藤老树昏鸦，小桥流水人家，古道西风瘦马。

——马致远《天净沙·秋思》

【注释】**枯藤：**枯萎的藤条。　**昏鸦：**黄昏归巢的乌鸦。

【大意】枯藤缠绕着老树，黄昏时乌鸦纷纷归巢，流水潺潺，小桥旁住着几户人家。荒凉的古道上，萧萧的秋风中走来一匹孤独的瘦马。

青山绿水，白草红叶黄花。

——白朴《天净沙·秋》

【大意】眼前是青山绿水，霜白的小草，枫叶正红，菊花盛开。这句诗描写秋天的山野景色，由远及近，多层次地描写了秋天绚丽的色彩。

一曲高歌一樽酒，一人独钓一江秋。

——王士禛《题秋江独钓图》

【注释】**樽：**古代盛酒的一种器皿。

【大意】随口唱段小曲再喝上一壶美酒，在这金色的秋季，在江上独自垂钓，神态悠然。

柳叶乱飘千尺雨，桃花斜带一溪烟。

——吴伟业《鸳湖曲》

【注释】**烟：**烟雾。

【大意】翠绿的柳叶在连天的细雨中飘荡，桃花笼罩着一层朦胧的烟雾在溪边开放。

牧童骑黄牛，歌声振林樾。意欲捕鸣蝉，忽然闭口立。

——袁枚《所见》

【注释】**振：**振荡，回旋。 **林樾：**树荫。

意欲：心里想要；心里打算。

【大意】一个牧童骑在黄牛背上，他嘹亮的歌声在林间回荡。忽然想要捕捉树上鸣叫的知了，赶紧闭嘴悄悄站在树下。

草长莺飞二月天，拂堤杨柳醉春烟。

——高鼎《村居》

【注释】**二月天：**春天。 **春烟：**春天田野、山林里升起的雾气。

【大意】二月早春时节，草木茂盛，黄莺鸟儿四处飞舞。堤岸边，杨柳拂岸，春雾朦胧。

江河山川

天苍苍，野茫茫，风吹草低见牛羊。

——《敕勒川》

【注释】**见**：读“xiàn”，同“现”。呈现，露出。

【大意】蓝蓝的天空，无边的草原，风吹草低，显露出草丛中的牛羊。这句诗描写了敕勒大草原的美景。

余霞散成绮，澄江静如练。

——谢朓《晚登三山还望京邑》

【注释】**余霞**：指晚霞。　**绮**：锦缎。

练：白绸子。

【大意】绚丽多彩的晚霞，有如片片飘动着的云锦；清澈的江水，静静地在大地上流淌着，宛如一匹洁白的丝缎。

山际见来烟，竹中窥落日。

——吴均《山中杂诗》

【注释】**山际**：山与天相接的地方。　**烟**：指烟霭。

窥：从缝隙中看。

【大意】山峰上见云雾缭绕，竹林间看夕阳余晖。

蝉噪林逾静，鸟鸣山更幽。

——王籍《入若耶溪》

【注释】**噪**：许多鸟或虫子乱叫。　**逾**：同“愈”，更加。

【大意】蝉声高唱，树林却显得格外宁静；鸟鸣声声，深山里倒比往常更清幽。

楼观沧海日，门对浙江潮。

——宋之问《灵隐寺》

【注释】**沧海**：即大海。

【大意】从灵隐寺的楼台上远望茫茫大海，波浪中托出一轮红日；灵隐寺的山门，正对着钱塘江，涨潮时，浪潮滚滚，奔涌而来。

空山不见人，但闻人语响。

——王维《鹿柴》

【注释】**但闻：**只听见。

【大意】空寂的山林不见一个人影，只听见隐隐约约的话语回音。这句诗描绘了鹿柴附近的深山丛林在傍晚时幽静的景色。

人闲桂花落，夜静春山空。

——王维《鸟鸣涧》

【注释】**闲：**安静、悠闲。

桂花：一种花，秋季开花，花为白色或黄色，很香。

【大意】人在悠闲宁静的时候才能注意到飘落的桂花，夜静的时候才觉得春山的空寂。这句诗描写了山中幽静的景色。

深林人不知，明月来相照。

——王维《竹里馆》

【注释】**深林：**幽深寂静的竹林。林，这里指竹林。

【大意】竹林深处没有人知道，只有明月静静地照耀着我。

曲径通幽处，禅房花木深。

——常建《题破山寺后禅院》

【注释】**禅房**：僧人居住修行的地方。

【大意】弯弯曲曲的小路通向幽深处，禅房前后花木繁茂缤纷。这句诗描绘了禅院寂静清幽的环境。

天门中断楚江开，碧水东流至此回。

——李白《望天门山》

【注释】**天门山**：山名，在今安徽省当涂县与和县之间。

楚江：古代长江中下游地带属楚国，因此把流经这一地段的长江称为楚江。

【大意】天门山被江水从中分开，流到这里的江水在此处形成漩涡。

危楼高百尺，手可摘星辰。不敢高声语，恐惊天上人。

——李白《夜宿山寺》

【注释】**危楼**：很高的房子，这里指修建在山顶的寺院。危，高。

百尺：虚指，形容很高。

【大意】山顶的寺庙很高很高，在这里好像伸手就可以摘到星星。站在楼上不敢大声说话，唯恐惊扰了天上的神仙。

朝辞白帝彩云间，千里江陵一日还。

——李白《早发白帝城》

【注释】**白帝：**古城名，在今重庆市奉节县东的白帝山上。

江陵：地名，在今湖北省江陵县。

【大意】清晨，辞别云霞笼罩的白帝城，一天就能到达千里之外的江陵。这句诗描写了在长江上行船的情景。

飞流直下三千尺，疑是银河落九天。

——李白《望庐山瀑布》

【注释】**九天：**古代把天分为九层，最高的一层叫九天。

庐山：著名风景名胜区，在江西省九江市境内。

【大意】瀑布从三千尺的高空飞泻而下，仿佛是天上的银河落在了人间。

孤帆远影碧空尽，唯见长江天际流。

——李白《黄鹤楼送孟浩然之广陵》

【注释】**唯见：**只见。　　**天际：**天边。

【大意】目送着孤舟帆影消失在碧空的尽头，只见滔滔江水向着天际奔流。这句诗描写了作者目送朋友乘坐的船远去的情景。

黄河之水天上来，奔流到海不复回。

——李白《将进酒》

【注释】**复**：再。

【大意】纵目远眺，黄河之水从远处奔流而下，好似从天上流来，又浩浩荡荡，呼啸着向大海奔流而去。

山随平野尽，江入大荒流。

——李白《渡荆门送别》

【注释】**大荒**：辽阔无边的原野。

【大意】从蜀地出发，两岸连山，一直到荆门以后，视野豁然开阔，展现在眼前的是一望无际的千里平原，伸向天边；而滚滚滔滔的长江水，就在这荒漠辽远的原野上，奔腾直泻而去。

众鸟高飞尽，孤云独去闲。相看两不厌，只有敬亭山。

——李白《独坐敬亭山》

【注释】**敬亭山**：在今安徽省宣城市北。

【大意】一群群鸟儿高飞无影，一朵白云悠然飘去。相互对看总也不厌倦的，只有我和敬亭山。

无边落木萧萧下，不尽长江滚滚来。

——杜甫《登高》

【注释】**萧萧**：形容落叶的声音。　　**滚滚**：形容江波的气势。

【大意】登高远望，满山遍野的山林经秋风一吹，树叶飘落，一片萧瑟景象；俯视万里长江，波翻浪涌，从远方浩浩荡荡地奔流而来。

窗含西岭千秋雪，门泊东吴万里船。

——杜甫《绝句》

【注释】**窗含**：透过窗户往外看。　　**千秋雪**：终年不化的积雪。

东吴：古地名，指今长江下游江苏、浙江一带，古代属于吴国。

【大意】窗外是西岭雪山的千年积雪，门外停着来自万里之外东吴的商船。

苍苍竹林寺，杳杳钟声晚。荷笠带斜阳，青山独归远。

——刘长卿《送灵澈上人》

【注释】**苍苍**：青葱苍翠。　　**竹林寺**：位于江苏省丹徒南。

杳杳（yǎo）：深远。　　**荷**（hè）：背着。

【大意】苍翠幽深的竹林寺，傍晚时传来悠远的钟声。背着斗笠身披晚霞，独自走向远远的青山。

气蒸云梦泽，波撼岳阳城。

——孟浩然《临洞庭湖赠张丞相》

【注释】**气蒸：**水汽蒸腾、弥漫的样子。

云梦泽：古二湖名。又名巴邱湖、青草湖。后来大部分淤成陆地，遂并称云梦泽。

【大意】湖上蒸腾起来的水汽，如同淡淡的薄雾，笼罩在云梦大泽上空；湖水掀起的波涛，滚滚不断地拍向岸边，声若雷霆，震撼着雄伟的岳阳古城。

野旷天低树，江清月近人。

——孟浩然《宿建德江》

【大意】四野空旷，天空仿佛低至树顶；江水清澈，倒映的月亮似乎就在我身旁。

遥望洞庭山水色，白银盘里一青螺。

——刘禹锡《望洞庭》

【注释】**青螺：**青黑色的田螺，这里比喻洞庭湖中的君山。

【大意】远望洞庭湖的山光水色，就像白银盘中盛放着一个青色田螺。这句诗描写了秋天月光下洞庭湖的景色。

九曲黄河万里沙，浪淘风簸自天涯。

——刘禹锡《浪淘沙·九曲黄河万里沙》

【注释】**九曲：**九道湾。九是虚指，形容黄河弯曲的地方很多。

万里沙：万里都是泥沙。万里是虚指，形容黄河很长。

淘：冲激。

【大意】蜿蜒曲折的黄河水夹带着万里泥沙，风急浪涌，从天边直流而下。诗人用夸张的笔调写出了黄河河道蜿蜒曲折，奔腾咆哮自天涯的壮景。

日出江花红胜火，春来江水绿如蓝，能不忆江南？

——白居易《忆江南》

【注释】**蓝：**蓝草，叶子可以提炼蓝色染料。这里形容江水颜色深绿。

【大意】朝霞映照下，江边的花儿鲜艳胜火，春天来临时，水波荡漾碧绿如蓝草。这样的江南，怎能让人不深深地回忆？

只在此山中，云深不知处。

——贾岛《寻隐者不遇》

【注释】**不知处：**不知道在哪里。

【大意】只知道师父在这座山里，林海深深，云海茫茫，不知道具体在何处。

停车坐爱枫林晚，霜叶红于二月花。

——杜牧《山行》

【注释】**坐**：因为。　　**霜叶**：秋天被寒霜打过后变成红色的枫叶。

【大意】停下车来是因为喜欢晚秋的枫叶，被霜打过后的枫叶红过春天的鲜花。

西塞山前白鹭飞，桃花流水鳜鱼肥。

——张志和《渔歌子》

【注释】**西塞山**：山名，在今浙江省湖州市。

鳜鱼：一种淡水鱼，肉质鲜美，又叫桂鱼。

【大意】西塞山前白鹭飞翔，桃花鲜艳，江水碧绿，鳜鱼正肥美。这句诗赞美了江南水乡的美景。

春潮带雨晚来急，野渡无人舟自横。

——韦应物《滁州西涧》

【注释】**春潮**：春汛。　　**带雨**：遇上雨水。

野渡：荒郊野外的渡口。

【大意】天晚了，又在下雨，船主人已早早回家，只剩下一条无人驾驶的小船独自悠闲地横在水面上，在潮水的冲击下悠然地晃来荡去。

桃花尽日随流水，洞在清溪何处边？

——张旭《桃花溪》

【注释】**尽日**：整天，整日。

洞：指《桃花源记》中武陵渔人找到的洞口。

【大意】桃花每天随着流水漂流出来，那桃花源的洞口在小溪的哪里呢？

溪水无情似有情，入山三日得同行。

——温庭筠《过分水岭》

【大意】溪水看起来无情，其实对我有情，进山三日来一直与我同行相伴。

月落乌啼霜满天，江枫渔火对愁眠。

——张继《枫桥夜泊》

【注释】**江枫**：江边的枫树。

【大意】月落山下，乌鸦啼叫，寒霜满天，江边的枫树，渔船上的灯火伴着旅人忧愁难眠。

只有天在上，更无山与齐。举头红日近，回首白云低。

——寇准《咏华山》

【注释】齐：一样高。　　举头：抬头。

【大意】蓝天之下便是华山，其他远远近近的山都在它的脚下。抬头发现太阳离得那么近，一回头就看到山腰间绕着朵朵白云。

欲把西湖比西子，淡妆浓抹总相宜。

——苏轼《饮湖上初晴雨后》

【注释】西子：即西施，春秋时越国著名的美女。

总相宜：都恰到好处，意思是都很美。

【大意】如果把西湖比作美女西施，无论是淡妆还是浓妆都很美丽。

黑云翻墨未遮山，白雨跳珠乱入船。

——苏轼《六月二十七日望湖楼醉书》

【注释】翻墨：像墨汁一样的黑云在天上翻卷。

跳珠：像珠子一样跳动。

【大意】黑云笼罩，暴雨急来，雨点四溅。乌云翻滚似泼墨，山还未遮挡完，白色雨点如蹦跳的珍珠般在船上乱溅。

落木千山天远大，澄江一道月分明。

——黄庭坚《登快阁》

【注释】**落木**：落叶。 **澄江**：这里指赣江。澄，清澈。

【大意】举目眺望远山，落叶萧瑟，天地显得特别广阔。明月下江水清澈分明。

一水护田将绿绕，两山排闼送青来。

——王安石《书湖阴先生壁》

【注释】**护田**：环绕农田。 **排**：推开。

闼：小门。

【大意】一条小溪将绿田环绕，这苍翠的景色仿佛是两座青山推开门送进来的。这句诗描写了湖阴先生乡间居所的环境。

青山缭绕疑无路，忽见千帆隐映来。

——王安石《江上》

【注释】**缭绕**：回环旋转。 **千**：这里指许多。

【大意】江边青山连绵纠结。诗人在山间行走，突然山势阻绝，挡住了前进的去路；水天相接之处，帆影在江面上隐现，正慢慢驶来。

青山遮不住，毕竟东流去。

——辛弃疾《菩萨蛮·书江西造口壁》

【注释】**毕竟**：终究。

【大意】青山怎能把江水挡住，滔滔江水终究继续东流。

莫言下岭便无难，赚得行人空喜欢。正入万山圈子里，一山放过一山拦。

——杨万里《过松源晨炊漆公店》

【注释】**下岭**：下山。 **赚得**：骗得。

拦：阻拦。

【大意】不要说下山以后就再也没有困难，这是欺骗游人空欢喜的一句话。当你进入重山万岭的时候，翻过一座山，另一座山又拦在面前。

绿阴不减来时路，添得黄鹂四五声。

——曾几《三衢道中》

【注释】**阴**：树荫。 **不减**：并没有少多少，差不多。

【大意】翠绿的树荫还像来时那样茂密，不时传来的黄鹂鸟四五声欢鸣更增添了游趣。这句诗描绘了三衢道中暮春初夏的秀丽景色。

月黑见渔灯，孤光一点萤。微微风簇浪，散作满河星。

——查慎行《舟夜书所见》

【注释】**风簇浪：**微风吹起层层波浪。

【大意】月黑之夜，渔船上的灯火孤零零如萤火般晃动。微风吹来，江面上泛起层层水波，渔船上的灯光倒映水面，好似满天星星闪烁。

日月星辰

明月皎皎照我床，星汉西流夜未央。

——曹丕《燕歌行》

【注释】**皎皎：**洁白。 **夜未央：**夜已深了但未尽的时候。

【大意】那皎洁的月光啊照着我的空床，星河沉沉向西流，忧心不寐夜漫长。

海上生明月，天涯共此时。

——张九龄《望月怀远》

【注释】**天涯：**天边。涯，边。

【大意】一轮明月从远远的海上升起，远在天涯海角的人儿此刻也和我望着同一轮明月。

春江潮水连海平，海上明月共潮生。

——张若虚《春江花月夜》

【大意】长江涨潮，几乎和大海的水面一样浩瀚无边，这时，明月随着翻滚涌荡的潮水跃出水面，景象壮观。这句诗写了长江涨潮、海月初生的景象，十分生动形象。

大漠孤烟直，长河落日圆。

——王维《使至塞上》

【注释】**孤烟**：燧烟。燧烟是古时边塞报平安的信号。

长河：黄河。

【大意】在广袤的大漠里，一柱孤烟直薄云天；浩浩荡荡的黄河，流向天际，临近傍晚，一轮红日沉向地平线，显得又大又圆。

举头望明月，低头思故乡。

——李白《静夜思》

【注释】**举头**：抬头。

【大意】抬头望见天上的明月，低头想起了自己的故乡。这句诗表达了作者的思乡之情。

举杯邀明月，对影成三人。

——李白《月下独酌》

【注释】**三人**：此指诗人、明月及诗人的影子。

【大意】举起酒杯，邀来天上的明月，月光下自己的身影，顿时成了三人共饮。这句诗以奇特丰富的想象，描写诗人在月下独酌的情景。

峨眉山月半轮秋，影入平羌江水流。

——李白《峨眉山月歌》

【注释】**半轮秋**：半圆的秋月。

平羌：即青衣江，在峨眉山东北。

【大意】峨眉山半轮秋月挂在天空，月影皎洁倒映在流淌的青衣江中。这句诗描写了峨眉山秋天月夜的景色。

小时不识月，呼作白玉盘。

——李白《古朗月行》

【注释】**呼作**：叫作。　**白玉盘**：用白玉做成的盘子。

【大意】小时候不认识月亮，称它为白玉盘。这句诗描写儿童眼中的月亮，充满童趣。

露从今夜白，月是故乡明。

——杜甫《月夜忆舍弟》

【注释】**露**：露珠。

【大意】夜晚，露水在月光的映照下泛着白色的青光；离家远行的人不管走到哪里，还是觉得自己家乡的月亮是最亮的。

星垂平野阔，月涌大江流。

——杜甫《旅夜书怀》

【注释】**星垂**：星光明亮，似乎觉得星星低垂在天空。

月涌：月光照在江中，仿佛是从大江中涌出来的。

【大意】当夜幕降临时，星光低垂，大地格外广阔；月影映入江中，江水波翻浪涌，月亮仿佛是从波浪中涌出来似的，愈觉江水浩荡。

一道残阳铺水中，半江瑟瑟半江红。

——白居易《暮江吟》

【注释】**瑟瑟**：指太阳没照到的水面呈现碧绿的颜色。

【大意】一道晚霞映照着江面，江水一半青绿一半火红。这句诗描绘了一幅优美的秋江日暮图。

峡深明月夜，江静碧云天。

——张祜《送杨秀才游蜀》

【注释】**碧云：**青色的云朵。

【大意】在明朗月夜，峡谷深邃，江水寂静，映衬着堆满青色云朵的天空。这句诗描写了大好山川的景色。

二十四桥明月夜，玉人何处教吹箫？

——杜牧《寄扬州韩绰判官》

【注释】**二十四桥：**扬州名桥。　**玉人：**美人，这里指韩绰。

【大意】当月光笼罩二十四桥的时候，你在什么地方教美人吹箫呢？这句诗写江南秋景，借以怀念友人。

大漠沙如雪，燕山月似钩。

——李贺《马诗》

【注释】**燕山：**山名，在今河北省北部。

【大意】茫茫沙漠，在月光下如洁白的积雪，燕山秋月，形如一个弯钩。这句诗描写了月夜下苍凉的大漠景象。

云母屏风烛影深，长河渐落晓星沉。

——李商隐《嫦娥》

【注释】**云母屏风**：镶嵌了云母的屏风。

长河：银河。　　**沉**：隐没。

【大意】云母屏风上映出一层暗淡的烛影，银河逐渐稀落，星星也已隐没。

几行红叶树，无数夕阳山。

——王士禛《将至桐城》

【大意】夕阳西下，穿过几行红叶树林后，是连绵起伏的群山。这句诗写出了宁静的山林晚景。

花鸟虫鱼

关关雎鸠，在河之洲。窈窕淑女，君子好逑。

——《诗经》

【注释】**关关**：鸟的和鸣声。

雎鸠：一种水鸟。

洲：水上的陆地。

窈窕：美好的样子。

淑：品德好。

逑：配偶。

【大意】在白色的沙洲上，雎鸠鸟在树丛中嬉戏玩耍，一对对相互鸣叫。那美丽的姑娘温柔贤淑，是君子的好伴侣。

桃之夭夭，灼灼其华。之子于归，宜其室家。

——《诗经》

【注释】**夭夭：**少壮的样子。　**灼灼：**花盛开的样子。

华：同“花”。　**之子：**这个女子。

宜：使……和顺。

【大意】桃树茂盛，花开明艳。这个好姑娘嫁过去，一定能使家庭和美幸福。

江南可采莲，莲叶何田田！鱼戏莲叶间。鱼戏莲叶东，鱼戏莲叶西，鱼戏莲叶南，鱼戏莲叶北。

——汉乐府《江南》

【注释】**莲：**莲子。　**何：**多么。

田田：形容荷叶立在水面，繁茂碧绿的样子。

【大意】江南可以采摘莲子，莲叶长得繁茂碧绿。鱼儿在莲叶间嬉戏。鱼儿一会儿在莲叶之东嬉戏，一会儿在莲叶之西嬉戏，一会儿在莲叶之南嬉戏，一会在莲叶之北嬉戏。这是一首表现江南人采摘莲子时心情欢悦的诗。

郁郁涧底松，离离山上苗。以彼径寸茎，荫此百尺条。

——左思《咏史》

【注释】**郁郁**：严密浓绿的样子。　**涧**：两山之间。

离离：下垂的样子。　**苗**：初生的草木。

【大意】茂盛的松树生长在山涧底，风中低垂摇摆着的小苗生长在山头上。由于生长的地势高低不同，凭它径寸之苗，却能遮盖百尺之松。

羁鸟恋旧林，池鱼思故渊。

——陶渊明《归园田居》

【注释】**羁鸟**：关在笼中的鸟。　**旧林**：原先生活过的树林。

故渊：原先生活过的深水。

【大意】关在笼中的鸟儿留恋它曾经生活过的树林，养在池子里的鱼思念以前生活过的池塘。这句诗表达了作者热爱山林的田园情怀。

居高声自远，非是藉秋风。

——虞世南《蝉》

【注释】**藉**：凭借，依靠。

【大意】站得高声音就可以传得很远，并不是借助秋风的吹送。这句诗以赞颂蝉的清高来表达自己脱俗自立、不攀缘附和的高尚品格。

潭清疑水浅，荷动知鱼散。

——储光羲《钓鱼湾》

【注释】**疑**：怀疑。

【大意】潭水清澈，透明见底，使人感到水好像很浅似的，水面上荷叶长势繁茂，有鱼儿藏在下面不知道，只有当荷叶突然轻轻摇动的时候，才知道是鱼儿游散开去了。

鹅，鹅，鹅，曲项向天歌。白毛浮绿水，红掌拨清波。

——骆宾王《咏鹅》

【注释】**曲项**：弯着脖子。　**浮**：漂浮，浮游。

【大意】鹅，鹅，鹅，弯着脖子向天唱歌。洁白的羽毛漂浮在绿水之上，红红的脚掌拨动着清澈的水波。

红豆生南国，春来发几枝。愿君多采撷，此物最相思。

——王维《相思》

【注释】**红豆**：红豆树的果实，有的地方又叫它相思豆。

采撷（xié）：采摘，摘取。

【大意】红豆生长在南方，春天时便发起了新芽。愿你多多采摘一些红豆吧，因为它最能寄托人们的思念之情。

不知近水花先发，疑是经冬雪未消。

——张谓《早梅》

【注释】**经冬**：过了冬天。

【大意】一树白梅在溪边凌寒独放，人们不知道它靠近水边，比别的梅花开得早，还以为是经过了一个冬天尚未消融的积雪。

清水出芙蓉，天然去雕饰。

——李白《经乱离后天恩流夜郎忆旧游书怀赠江夏韦太守良宰》

【注释】**芙蓉**：荷花。

【大意】写文章要像清水中生长出来的荷花一样，自然清新，秀丽天成，没有丝毫人为雕饰的痕迹。

新松恨不高千尺，恶竹应须斩万竿。

——杜甫《将赴成都草堂途中有作先寄严郑公》

【注释】**新松**：新栽的松树。

恶竹：竹子横生竖长，遮蔽了松树，所以称为恶竹。

【大意】我亲手在草堂里种植的小松树，恨不得它们快快长大，早日成为参天大树，到处蔓生的竹子却挤占了小松树生长的阳光和空间，应该毫不犹豫地把它们统统砍伐掉。

劝君莫打枝头鸟，子在巢中望母归。

——白居易《鸟》

【注释】**君**：你。

【大意】劝你不要追打枝头的小鸟，巢中的幼鸟正盼望着妈妈回去呢！

离离原上草，一岁一枯荣。野火烧不尽，春风吹又生。

——白居易《赋得古原草送别》

【注释】**离离**：形容青草茂盛的样子。

【大意】原野中茂盛的青草，年年枯了又青，青了又枯。野火不能把草烧尽，春风一吹它又顽强地生长。

玉颗珊珊下月轮，殿前拾得露华新。

——皮日休《天竺寺八月十五日夜桂子》

【注释】**露华新**：桂花瓣带着露珠更显湿润。

桂子：特指桂花。

【大意】桂花从天而降，好像是月上掉下来似的。拾起殿前的桂花，只见其颜色洁白、新鲜。

春蚕到死丝方尽，蜡炬成灰泪始干。

——李商隐《无题》

【注释】**丝**：本指蚕丝，双关语，谐音“相思”之思。

泪：蜡烛燃烧时流出的蜡油，称为烛泪。实指相思之泪。

【大意】我的思念，像那春蚕吐丝一样无穷无尽，直到死去才会停止；我的眼泪，像蜡烛直到燃烧殆尽化成灰烬才会停止流泪。

晴川历历汉阳树，芳草萋萋鹦鹉洲。

——崔颢《黄鹤楼》

【注释】**晴川**：长江两岸天气晴朗。

历历：清楚分明的样子。

萋萋：茂盛的样子。

鹦鹉洲：在黄鹤楼东北，长江当中。

【大意】纵目远眺，在晴空朗日的照耀下，对岸汉阳城的树木清晰可辨；鹦鹉洲上的花草茂盛繁密，绿茵如染。

不是花中偏爱菊，此花开尽更无花。

——元稹《菊花》

【注释】**尽**：这里指凋谢。

【大意】并不是特别偏爱菊花，而是菊花凋谢之后再无更好的花。这句诗表现了菊花不从流俗的品格。

采得百花成蜜后，为谁辛苦为谁甜？

——罗隐《蜂》

【大意】采来百花酿成蜂蜜，却不知是为谁辛苦为谁送甜呢？这句诗描写了蜜蜂的辛勤劳动。

疏影横斜水清浅，暗香浮动月黄昏。

——林逋《山园小梅》

【注释】**疏影横斜**：梅花疏疏落落，斜横枝干投在水中的影子。

暗香浮动：梅花散发的清幽香味在飘动。

【大意】稀疏的影儿，横斜在清浅的水中，清幽的芬芳浮动在黄昏的月光之下。

只恐夜深花睡去，故烧高烛照红妆。

——苏轼《海棠》

【注释】**恐**：害怕。　**红妆**：这里指红色的海棠花。

【大意】担心这株海棠会像人一样，因夜深而谁去，所以，特意点燃高大的蜡烛，照亮她艳丽的红妆。

岁老根弥壮，阳骄叶更阴。

——王安石《孤桐》

【注释】**岁老**：指生长时间长，树龄大。 **弥**：更加。

阴：同“荫”，枝叶繁茂。

【大意】梧桐树年岁越大，根须越是壮实，渗入地下吸取营养，具有强大的生命力。太阳越大，梧桐叶长得就更茂盛。

墙角数枝梅，凌寒独自开。遥知不是雪，为有暗香来。

——王安石《梅花》

【注释】**凌**：面临；冒着。 **遥**：远。

暗香：淡雅的幽香。

【大意】墙角处有几枝梅花，不畏严寒独自开放。远远望去就知道那不是雪花，因为飘来阵阵幽香。

江上往来人，但爱鲈鱼美。君看一叶舟，出没风波里。

——范仲淹《江上渔者》

【注释】**但**：只。 **君**：你。

【大意】江岸上来来往往的人，只喜欢味道鲜美的鲈鱼。你看那捕鱼的小船就像一片小小的树叶，在风波浪涛中一会儿沉，一会儿浮，是何等危险。

争渡，争渡，惊起一滩鸥鹭。

——李清照《如梦令》

【大意】快点划呀，再快点呀，不小心惊起一群鸥鹭四处乱飞。

无意苦争春，一任群芳妒。

——陆游《卜算子·咏梅》

【注释】**一任：**听凭，任凭。　**群芳：**百花、众花。

【大意】梅花在冰雪的冬天冒着严寒开放，待到山花烂漫、万紫千红的时候，不与百花争奇斗艳。尽管如此，梅花还是受到百花的嫉妒。那就任凭它们嫉妒去吧。

零落成泥碾作尘，只有香如故。

——陆游《卜算子·咏梅》

【注释】**零落：**指植物花叶凋落。　**碾：**压，轧。

【大意】梅花在风雨的吹打下，纷纷凋落，碾压成了灰尘。但是，它的香气却依然和从前一样，芳香四溢。

何方可化身千亿，一树梅花一放翁。

——陆游《梅花绝句》

【注释】**方**：办法。　　**千亿**：千亿个化身。

放翁：陆游，字放翁。这里指诗人自己。

【大意】有什么办法能够使自己化作千千万万个身子，这样就可以在每一株梅花树前伫立欣赏了。

春色满园关不住，一枝红杏出墙来。

——叶绍翁《游园不值》

【大意】园中的春色关不住，一枝红杏早已悄悄地伸出墙来。诗人通过这出墙的一枝红杏，来赞美满园的春色和春天勃勃的生机。

梅须逊雪三分白，雪却输梅一段香。

——卢梅坡《雪梅》

【注释】**逊**：退让，差，来不及。　　**输**：不及。

一段香：即一份香的意思。

【大意】梅花与洁白的雪相比，在洁白晶莹上要略逊三分；雪虽然在洁白上胜过了梅花，却没有梅花那种袭人的香气。

稻花香里说丰年，听取蛙声一片。

——辛弃疾《西江月·夜行黄沙道中》

【大意】稻花飘香，人们畅谈丰收的喜悦，耳边传来一片蛙鸣声。这句词描写了夏日夜景。

不要人夸好颜色，只留清气满乾坤。

——王冕《墨梅图题诗》

【注释】**清气**：清香之气。指高雅纯正的梅花香气。

乾坤：世界，人间。乾，天。坤，地。

【大意】无需别人赞美它颜色艳丽，只想留下清香洒满人间。

平生不敢轻言语，一叫千门万户开。

——唐寅《画鸡》

【注释】**轻**：随便，轻易。　**言语**：这里指啼鸣，喻指说话。

千门万户：指众多的人家。

【大意】它平生不敢轻易鸣叫，它叫的时候，千家万户的门都打开。

衙斋卧听萧萧竹，疑是民间疾苦声。

——郑燮《墨竹图题诗》

【注释】**衙斋：**官署中的书房。　**萧萧：**竹子摇动发出的声音。

疑：怀疑。

【大意】作者的衙门里种满了竹子，晚上在衙门内的书房中看书时，风动竹动，发出萧萧的声音，听起来总疑心是老百姓生活困苦发出的呻吟声。

一枝一叶总关情。

——郑燮《墨竹图题诗》

【注释】**一枝一叶：**原指竹枝、竹叶。这里指老百姓的一切小事。

【大意】作者表明自己虽然地位比较卑微，但将老百姓的疾苦时时放在心上。

千磨万击还坚劲，任尔东西南北风。

——郑燮《竹石》

【注释】**千磨万击：**千种磨炼，万种打击。

坚劲：坚韧有力。　**尔：**你。

【大意】历经千难万险依然坚韧，任凭狂风肆虐依然屹立。

虚心竹有低头叶，傲骨梅无仰面花。

——郑燮

【注释】**低头叶**：向下垂的叶子。

【大意】竹子内心谦逊，虚心低头，梅花高傲不屈，从不仰面逢迎他人。

天地本无心，万物贵其真。

——李方膺《苍松怪石图题》

【注释】**贵**：以……为贵。

【大意】天地之间的事物本不是刻意修饰的，万物最可贵之处在于保持质朴本色。

品若梅花香在骨，人如秋水玉为神。

——祁隽藻

【注释】**品**：人格，品性。

【大意】人的品格就像梅花一样，香气从骨髓中散发出来。人的精神就像秋天的水一样，有美玉一样的光华。

深处种菱浅种稻，不深不浅种荷花。

——阮元《吴兴杂诗》

【注释】**菱**：俗称菱角。

【大意】人们在水深的地方种上菱角，在水浅的地方栽种稻禾，而不深不浅的地方适合荷花生长，就种上荷花。

落红不是无情物，化作春泥更护花。

——龚自珍《己亥杂诗》

【注释】**落红**：落花。诗人自比。

【大意】落花是有情之物，即使落入了土地，化作春天的泥土，也要为养护来年新开的花朵尽一份力量。

风雪云雨

燕山雪花大如席，片片吹落轩辕台。

——李白《北风行》

【注释】**燕山：**山名，在今河北省蓟县东南。此泛指燕地的山。

【大意】北方大雪纷飞，气候严寒，燕山一带的雪花像席子那么大；在北风的呼啸中，一片片飘落在轩辕台上。

随风潜入夜，润物细无声。

——杜甫《春夜喜雨》

【注释】**潜入夜：**在夜间悄悄地来。

【大意】在夜晚的时候随风静悄悄而来，滋润万物无声无息。这句诗赞美了润物细无声的春雨。

忽如一夜春风来，千树万树梨花开。

——岑参《白雪歌送武判官归京》

【注释】**梨花：**春天开放，花为白色。这里比喻雪花积在树枝上，像梨花开了一样。

【大意】忽然间宛如一夜春风吹来，好像是千树万树梨花盛开。这句诗描写了一场突如其来的雪景，非常壮观美丽。

千山鸟飞绝，万径人踪灭。

——柳宗元《江雪》

【注释】**千山：**指很多座山。　**万径：**指无数条路。

人踪：人的踪迹。

【大意】千座山峰不见飞鸟，万条路径没有人迹。没有飞鸟，没有人迹，唯有雪花飘飘，更显四周空寂清冷。

东边日出西边雨，道是无晴却有晴。

——刘禹锡《竹枝词》

【注释】**道：**说。　**晴：**在这里是双关语，“晴”与“情”通。

【大意】东边日出西边下雨，说是无晴（情）却又有晴（情）。诗人通过巧妙的双关手法，借用天气晴雨不定的景象，生动地表现了男女之间纯真的感情。

林暗草惊风，将军夜引弓。平明寻白羽，没入石棱中。

——卢纶《塞下曲》

【注释】**惊风**：忽然被风吹动。　　**平明**：清晨。

白羽：尾部装着白色羽毛的箭。

【大意】阴暗的树林里，风吹草木，将军在黑暗中拉开了弯弓。清晨到林中去寻找那支白羽箭，只见箭头深深地嵌入石棱中。

欲将轻骑逐，大雪满弓刀。

——卢纶《塞下曲》

【注释】**将**：率领。　　**逐**：追。

【大意】正要率领轻骑兵追逐敌军，大雪纷飞落满了将士的弯弓和大刀。这句诗描写边疆将士夜追逃兵的事。

人面不知何处去，桃花依旧笑春风。

——崔护《题都城南庄》

【注释】**笑春风**：在春风中欢笑。

【大意】如今那姑娘已不知去向，只有桃花依旧在春风中欢笑。这句诗描写了当年一见钟情，次年寻访桃花依旧，人面不见，一派物是人非的景象。

解落三秋叶，能开二月花。过江千尺浪，入竹万竿斜。

——李峤《风》

【注释】**解落**：吹落。 **三秋**：泛指秋天。

二月：农历二月，这里指春天。

【大意】风，它能使秋叶飘落、春花开放、波涛翻滚、翠竹倾斜。

日暮苍山远，天寒白屋贫。柴门闻犬吠，风雪夜归人。

——刘长卿《逢雪宿芙蓉山主人》

【注释】**白屋**：贫穷人家住的茅草屋。 **犬吠**：狗叫。

夜归人：指诗人自己。

【大意】暮色中苍山格外深远，天冷时草屋更显贫寒。柴门里传来声声狗叫，在风雪交加的深夜来了我这投宿的人。

溪云初起日沉阁，山雨欲来风满楼。

——许浑《咸阳城东楼》

【注释】**溪云**：溪边云朵。 **沉阁**：下沉到阁楼以下。

【大意】溪边云彩刚刚升起，红日沉落在寺阁之下，山雨未到，狂风已经吹满了咸阳楼。

尽道丰年瑞，丰年事若何？长安有贫者，为瑞不宜多。

——罗隐《雪》

【注释】**瑞：**吉祥，好兆头。 **若何：**如何。

贫者：穷苦人家。 **为瑞：**以下雪作为丰收的好征兆。

【大意】人们都说下雪是丰收年的好征兆，可是丰收了又怎样呢？长安城里有无数的穷苦人家，作为丰收兆头的瑞雪还是不宜多下。

浮天水送无穷树，带雨云埋一半山。

——辛弃疾《鹧鸪天·送人》

【注释】**无穷：**无尽，无边。

【大意】水天相接，好像将两岸的树木送向无穷的远方，乌云挟带着雨水，把重重的高山掩埋了一半。

怪生无雨都张伞，不是遮头是使风。

——杨万里《舟过安仁》

【注释】**怪生：**怪不得。 **安仁：**县名。在湖南省东南部，宋朝时设县。

【大意】怪不得没下雨也张开伞，原来不是为了遮雨，而是为了鼓风行船。

千红万紫安排著，只待新雷第一声。

——张维屏《新雷》

【注释】**千红万紫：**指各种花。

新雷：春天的第一声雷，象征春天的到来。

【大意】造物早已安排好万紫千红的一切，只等东风送暖，春雷一响，百花就将姹紫嫣红，竞相开放。

抒怀咏志

路曼曼其修远兮，吾将上下而求索。

——屈原《离骚》

【注释】**曼曼：**同“漫漫”，道路长远的样子。

修：长，远。 **上下：**天上人间。

【大意】尽管道路是那样的遥远而又漫长，我仍然不怕艰险，立志不惜一切代价地去追求和探索。

亦余心之所善兮，虽九死其犹未悔。

——屈原《离骚》

【注释】**亦：**实在，真正。 **余：**我。

善：崇尚。

【大意】只要是我所崇尚和追求的美好的东西，即使要我付出生命的代价，死多少次也绝不后悔。

对酒当歌，人生几何？

——曹操《短歌行》

【注释】**对酒：** 面对美酒。　　**几何：** 多少。

【大意】在饮酒、观赏乐舞的时候，想到时光易逝，而要做的事情却是很多很多，深感人的生命短促，因而借酒抒情，慷慨高歌一曲。

山不厌高，海不厌深。

——曹操《短歌行》

【注释】**厌：** 厌恶，嫌弃。

【大意】山不嫌其有多高，海不嫌其有多深。比喻品行越高尚越好。

老骥伏枥，志在千里。烈士暮年，壮心不已。

——曹操《步出夏门行·龟虽寿》

【注释】**老骥：** 指已衰老的千里马。　　**枥：** 马槽。

烈士： 指有强烈志向的人。

【大意】千里马因衰老而蹲伏在马棚中，胸中却仍有驰骋千里的壮志豪情；有志向的人虽然到了暮年，却老当益壮，依然雄心勃勃，豪情丝毫没有减退。

本是同根生，相煎何太急？

——曹植《七步诗》

【注释】**相煎：**相互煎熬，这里比喻被折磨、被迫害。

【大意】我们本是同胞兄弟，为什么要如此苦苦相逼？诗的字里行间表现出作者对手足之情惨遭践踏的悲愤和痛惜。

捐躯赴国难，视死忽如归。

——曹植《白马篇》

【注释】**捐躯：**献身。　**赴：**奔赴。

【大意】当国家遇到危难的时刻，勇敢地奔赴战场，不惜牺牲自己的生命，即使死了，也看作回家一样。

何意百炼钢，化为绕指柔。

——刘锟《重赠卢谌》

【注释】**钢：**钢金，钢铁。喻指英雄。　**柔：**柔软，柔弱。

【大意】怎么也没有想到我会如此无能为力，曾经像经过了千锤百炼的钢铁，如今却变得这么柔软，竟然可以缠绕在指头上了。

前不见古人，后不见来者。

——陈子昂《登幽州台歌》

【注释】**古人：**指前辈先贤。　　**来者：**指后贤。

【大意】登上幽州台，回首过去，看不到雄才大略、任人唯贤的古代先贤，瞻念前途，看不到能效法先贤、唯才是用的后来者，前途渺茫，令人感叹。

黄沙百战穿金甲，不破楼兰终不还。

——王昌龄《从军行》

【注释】**穿：**磨破。　　**破：**打败。

楼兰：古代西域小国，在今新疆维吾尔自治区境内，此处泛指侵扰边境的西域各国。

【大意】虽然身经百战，铠甲已被磨穿，但不打败楼兰侵略者，将士们誓不回还。这句诗表现守关将士不畏艰险、誓死奋战的精神。

白发三千丈，缘愁似个长。

——李白《秋浦歌》

【注释】**三千丈：**形容很长很长。　　**缘：**因为。

个：这般。

【大意】白发长到三千丈，是因为我的忧愁也有这么长。这句诗抒发了诗人心中极度的苦闷和忧愁。

尔曹身与名俱灭，不废江河万古流。

——杜甫《戏为六绝句》

【注释】**尔曹**：你们这帮人，指哂笑“初唐四杰”的人。

废：止的意思。

【大意】你们这伙讥笑王杨卢骆的人，随着时间的流逝，身体与名声都会消失；而不管你们怎么诋毁贬抑，都无损于他们的作品像长江大河一样万古流芳。

白日放歌须纵酒，青春作伴好还乡。

——杜甫《闻官军收河南河北》

【注释】**放歌**：放声歌唱。

青春：指阳光明媚、鸟语花香的春天。

【大意】白天高歌更要举杯痛饮，春天相伴正好回家乡。

锦江春色来天地，玉垒浮云变古今。

——杜甫《登楼》

【注释】**玉垒**：山名，位于四川省都江堰市西北。

【大意】凭栏远眺，锦江流水倒映着绿树春花，带着盎然春色从天边奔涌而来，玉垒山上的浮云忽聚忽散，正像古今变幻不定的世事风云。

朱门酒肉臭，路有冻死骨。

——杜甫《自京赴奉先县咏怀五百字》

【注释】**朱门**：红色的门。这里指富贵人家。

【大意】豪富人家的美酒、鱼肉堆积如山，都已腐败变臭了；可是穷苦的黎民百姓，不断有人冻死在大路旁，嶙嶙白骨随处可见。

三顾频烦天下计，两朝开济老臣心。

——杜甫《蜀相》

【注释】**三顾**：三次拜访。　**频烦**：多次烦扰。

开济：开创基业。

【大意】刘备三顾茅庐，请诸葛亮出山时，定出三分天下的大计。诸葛亮辅助刘备开创蜀汉基业，后又辅助刘禅，作为两朝元老，他呕心沥血，做到了死而后已。

出师未捷身先死，长使英雄泪满襟。

——杜甫《蜀相》

【注释】**长**：永远。　**泪满襟**：泪满衣襟。

【大意】诸葛亮六出祁山伐魏，但匡复汉室、统一中国的大志未能实现就过早地去世了，致使后代无数的豪杰志士们一想起这件事来就不免潸然泪下，痛惜不已。

安得广厦千万间，大庇天下寒士俱欢颜。

——杜甫《茅屋为秋风所破歌》

【注释】**安得**：如何能得到。　**广厦**（shà）：宽敞的大屋。

庇：遮盖，掩护。　**寒士**：此处泛指贫寒的士人们。

【大意】怎样才能得到千万间宽敞高大的房子，让普天下贫寒之士都住进去，让他们欢天喜地地过上温暖幸福的生活呢？

莫愁前路无知己，天下谁人不识君？

——高适《别董大》

【注释】**莫愁**：不要担心。　**前路**：要去的地方。

【大意】不要担心旅途没有知己朋友，普天之下，谁不认识你呢？这句诗描写送别朋友的场面。

醉卧沙场君莫笑，古来征战几人回？

——王翰《凉州词》

【注释】**沙场**：战场。

【大意】如果喝醉了横卧沙场你不要笑话，自古以来，征战的将士有几人活着回来？

春风得意马蹄疾，一日看尽长安花。

——孟郊《登科后》

【注释】**得意：**指考取功名，称心如意。　**疾：**飞快。

【大意】迎着浩荡春风得意地纵马奔驰，好像一日之内赏遍京城名花。

旧时王谢堂前燕，飞入寻常百姓家。

——刘禹锡《乌衣巷》

【注释】**王谢：**指东晋宰相王导和谢安。　**寻常：**平常；普通。

【大意】从前王、谢两大家堂前的燕子，现今已飞入普通百姓之家。诗人通过今昔的对比抒发对世事沧桑的无限感慨。

千淘万漉虽辛苦，吹尽狂沙始到金。

——刘禹锡《浪淘沙》

【注释】**千淘万漉：**反复冲洗、过滤。

狂沙：指迷惑人的沙子。　**始：**才能。

【大意】淘金要经过反复的过滤，虽然辛苦，但只有淘尽了泥沙，才能得到闪亮的金子。

暮去朝来淘不住，遂令东海变桑田。

——白居易《浪淘沙》

【注释】**暮去朝来：** 日复一日，年复一年。　**淘：** 冲刷。

遂： 就。

【大意】海浪淘沙日复一日，年复一年，东海就这样变成了桑田。

同是天涯沦落人，相逢何必曾相识。

——白居易《琵琶行》

【注释】**沦落：** 流落异乡。

【大意】你我同是流落异乡的人，不幸的命运使我们情感息息相通，纵是萍水相逢，但必定是知音，又何必要曾经认识呢？

谁知盘中餐，粒粒皆辛苦。

——李绅《悯农》

【注释】**粒粒：** 每一粒粮食。　**皆：** 都。

【大意】有谁知道盘子里的粮食啊，每一粒都是劳苦和艰辛换来的。这句诗意在告诉人们：盘中的每一粒粮食都来之不易，希望人们好好珍惜，不要浪费。

东风不与周郎便，铜雀春深锁二乔。

——杜牧《赤壁》

【注释】**周郎**：指周瑜。　　**铜雀**：指铜雀台。

【大意】如果东风不给予周瑜便利，赤壁一战周瑜未必能胜，如果战败的话，那江东美丽的二乔就会被曹操夺去，铜雀台上也将会增添两位绝代佳人了。

一骑红尘妃子笑，无人知是荔枝来。

——杜牧《过华清宫》

【注释】**红尘**：扬起的尘土。　　**妃子**：这里指杨贵妃。

【大意】宫外一名专使骑着驿马飞驰而来，一路上不断扬鞭催马，卷起一阵尘土，杨贵妃知道了嫣然而笑。谁会知道这专使这么匆忙是为了给贵妃带来千里之外的新鲜荔枝。

商女不知亡国恨，隔江犹唱后庭花。

——杜牧《泊秦淮》

【注释】**商女**：以卖唱为生的歌女。

后庭花：原指南朝陈后主所作《玉树后庭花》，现多指亡国之音。

【大意】诗人夜泊秦淮岸边，对岸酒楼里商女们不知亡国之恨，正在唱着陈后主作的《后庭花》曲。

江东子弟多才俊，卷土重来未可知。

——杜牧《题乌江亭》

【注释】**江东**：古代指安徽芜湖以下的长江南岸地区。

才俊：才能杰出的人。

【大意】项羽遭遇失败就灰心丧气，含羞自刎。江东有那么多杰出的人才，如果他能忍一时之辱，重返江东，卷土重来也是有可能的。

桐花万里丹山路，雏凤清于老凤声。

——李商隐《韩冬郎即席为诗相送》

【注释】**雏凤、老凤**：此比喻韩冬郎父子。

【大意】万里丹山道上，美丽的桐花遍地开放。花丛中不时传来雏凤鸣声，应和着老凤苍亮的叫声，雏凤清脆圆润的叫声比起老凤显得更为悦耳动听。

历览前贤国与家，成由勤俭败由奢。

——李商隐《咏史》

【注释】**前贤**：指前代君主。

【大意】纵观古代前贤治理国家的经验，凡是崇尚勤俭节约的，国家就会兴旺发达，凡是奢侈之风盛行的，国家必然走向衰落和灭亡。

弓背霞明剑照霜，秋风走马出咸阳。

——令狐楚《少年行》

【注释】**走马：** 跑马。

【大意】朝霞照耀着弓背，寒霜映射着剑光，在秋风中跨上战马奔出咸阳。

苦恨年年压金线，为他人作嫁衣裳。

——秦韬玉《贫女》

【注释】**压金线：** 用金线刺绣。　**为：** 替。

【大意】由于家境贫寒，姑娘只能以刺绣来挣钱糊口，没有钱给自己置办嫁妆，年复一年地压线刺绣，只是不停地给富家小姐们缝制出嫁的衣服。

黑云压城城欲摧，甲光向日金鳞开。

——李贺《雁门太守行》

【注释】**欲：** 将要。　**摧：** 摧毁。

金鳞： 将士们鱼鳞般的金甲。

【大意】敌军犯境，气势汹汹如天空中的乌云翻滚，压向城头，城墙就像要被摧毁了一样。而城内的将士严阵以待，满天乌云中透出的阳光，映照在他们鱼鳞似的铠甲上，发出炫目的金光。

大江东去，浪淘尽，千古风流人物。

——苏轼《念奴娇·赤壁怀古》

【注释】**风流人物**：指杰出的历史名人。

【大意】大江浩浩荡荡向东奔流，滔滔巨浪冲刷尽千古英雄人物。

生当作人杰，死亦为鬼雄。

——李清照《夏日绝句》

【注释】**人杰**：人中的豪杰。　**鬼雄**：鬼中的英雄。

【大意】活着的时候应当做人中的豪杰，死了也应当做鬼中的英雄。

山外青山楼外楼，西湖歌舞几时休？

——林升《题临安邸》

【注释】**休**：停止。

【大意】山外有青山，楼外有高楼，西湖边上的歌舞玩乐何时才能罢休？

人生自古谁无死，留取丹心照汗青。

——文天祥《过零丁洋》

【注释】**汗青**：史册。

【大意】自古以来没有谁能够长生不死，我要留下一片丹心映照史册。

三万里河东入海，五千仞岳上摩天。

——陆游《秋夜将晓出篱门迎凉有感》

【注释】**河**：这里指黄河。　**仞**：古代七尺或八尺为一仞。

岳：此处指西岳华山。　**摩**：接触；挨着。

【大意】漫长的黄河向东奔流入海，巍峨的华山高耸直插云霄。这句诗歌颂了祖国的壮丽山河。

楼船夜雪瓜洲渡，铁马秋风大散关。

——陆游《书愤》

【注释】**楼船**：高大的战船。　**瓜洲**：古渡口。

【大意】曾经乘坐高大的战船，风雪之夜，在瓜洲渡口追击敌人。秋风中跨战马驰骋，收复大散关。

夜阑卧听风吹雨，铁马冰河入梦来。

——陆游《十一月四日风雨大作》

【注释】**夜阑**：夜深。　**铁马**：披着铁甲的战马。

【大意】夜深时我躺在床上听到那风雨声，迷迷糊糊梦见自己骑着战马跨过冰封的河流征战在北方疆场。

王师北定中原日，家祭无忘告乃翁。

——陆游《示儿》

【注释】**王师**：指南宋朝廷的军队。　**北定**：平定、收复北边。

乃：你。　**翁**：父亲，即诗人自己。

【大意】等到朝廷军队收复中原的时候，不要忘了在祭祖的时候告诉我一声。

但愿苍生俱饱暖，不辞辛苦出山林。

——于谦《咏煤炭》

【注释】**苍生**：百姓。

【大意】为了天下百姓能够得到温饱，我愿意不辞千辛万苦，走出深山，燃烧自己，换来人间一片温暖。

粉骨碎身全不怕，要留清白在人间。

——于 谦《石灰吟》

【注释】**清白**：这里是双关语，表面上是指石灰的颜色，实际上是指人品格的清白。

【大意】即使粉身碎骨也不害怕，只要能留住清白在人世间。

清风两袖朝天去，免得闾阎话短长。

——于谦《入京》

【注释】**闾阎**：街坊，乡里。

【大意】离开地方进京任职时，什么礼品都不带，带两袖清风去朝见皇上和大臣们，免得街坊乡里议论纷纷。

我劝天公重抖擞，不拘一格降人才。

——龚自珍《己亥杂诗》

【注释】**天公**：老天爷。　**抖擞**：振作精神。

不拘一格：不拘泥于常规。　**降**：选拔；起用。

【大意】我希望苍天重新振作精神，打破常规大胆地选拔人才。

一腔热血勤珍重，洒去犹能化碧涛。

——秋瑾《对酒》

【注释】**勤**：经常。 **碧涛**：即碧血。

【大意】我要珍惜自己的革命精神，保持昂扬的斗志，即使为国捐躯，洒尽鲜血也值得。

离愁别绪

一日不见，如三秋兮。

——《诗经》

【注释】**秋**：年。

【大意】一天不见你，就像隔了三年一样长，形容思念之深。

蒹葭苍苍，白露为霜。所谓伊人，在水一方。

——《诗经》

【注释】**蒹葭**：芦苇。　**苍苍**：茂盛的样子。

伊人：那人。　**在水一方**：在河的另一边。

【大意】河边的芦苇长得茂盛，秋天里的露水结成了霜。我的意中人在哪里？就在河的另一边。

昔我往矣，杨柳依依。今我来思，雨雪霏霏。

——《诗经》

【注释】**昔**：指出征时。　**依依**：茂盛的样子。

思：语末助词。　**霏霏**：雪下得很大的样子。

【大意】离家出征的时候正是春光明媚、杨柳拂面的季节，回来的时候却是一路风雨。

少小离家老大回，乡音无改鬓毛衰。

——贺知章《回乡偶书》

【注释】**少小**：年少的时候。　**老大**：年龄大的时候。

鬓毛：本指面颊两边的头发，这里指满头的头发。

衰：这里指诗人的头发花白、稀疏。

【大意】年少的时候离开家乡，年龄大了才得以重返故里，虽然乡音未改，可两鬓的头发已经花白、稀疏了。

羌笛何须怨杨柳，春风不度玉门关。

——王之涣《凉州词》

【注释】**羌笛**：是羌族乐器，属横吹式管乐。

杨柳：《折杨柳》曲。古诗文中常以杨柳比喻送别。

玉门关：在今甘肃省敦煌市以西。

【大意】何必用羌笛吹起那哀怨的杨柳曲去埋怨春光迟迟不来呢，原来玉门关一带春风是吹不到的啊！

悠悠天宇旷，切切故乡情。

——张九龄《西江夜行》

【注释】**悠悠**：遥远。　**切切**：哀怨，深切。

【大意】碧波夜月之下行船，天地空旷而遥远，思乡之情，是那么令人忧愁，令人难忘。

近乡情更怯，不敢问来人。

——宋之问《渡汉江》

【注释】**来人**：渡汉江时遇到的从家乡来的人。

【大意】离家乡越近，心里就越是害怕，看到从家乡方向来的客人，想打听家里人的消息，但又不敢打听。

秦时明月汉时关，万里长征人未还。

——王昌龄《出塞》

【注释】**秦时明月汉时关**：秦汉时的明月和关塞。意指秦汉以来边疆一直在无休止地进行战争。

【大意】明月还是秦汉时的明月，边关还是秦汉时的边关，离家万里长期征战的人还没有回来。

洛阳亲友如相问，一片冰心在玉壶。

——王昌龄《芙蓉楼送辛渐》

【注释】**冰心：**像冰一样晶莹纯洁的心。比喻纯洁的心灵。

【大意】假如洛阳的亲友问起我的近况，就说我的心纯洁如玉壶中的冰。

劝君更尽一杯酒，西出阳关无故人。

——王维《送元二使安西》

【注释】**更尽：**再干。　**阳关：**古关名，在今甘肃省敦煌市西南。

故人：老朋友。

【大意】劝君再干一杯离别酒，西出阳关以后就很难再见老朋友一面了。这句诗表现出诗人对即将远行朋友的依依惜别之情。

桃花潭水深千尺，不及汪伦送我情。

——李白《赠汪伦》

【注释】**潭：**深水池。　**不及：**比不上。

汪伦：李白的友人。

【大意】纵然桃花潭的水有千尺深，也比不上汪伦对我的情意深。诗人认为汪伦对自己的情意比深及千尺的桃花潭的水还要深。

此夜曲中闻折柳，何人不起故园情。

——李白《春夜洛城闻笛》

【注释】**折柳**：指《折杨柳》的曲调，多抒离别之情。

故园：故乡；家乡。

【大意】今晚听到令人哀伤的《折杨柳》，有谁不产生思乡的情思！这句诗描写深切的思乡之情。

我寄愁心与明月，随风直到夜郎西。

——李白《闻王昌龄左迁龙标遥有此寄》

【注释】**寄**：托付。　**夜郎**：古代国名，在今贵州省西部。

【大意】我把自己的忧愁之心托付给明月，希望能够随风伴随你到达夜郎之西。这句诗表达了对朋友的关切之情。

浮云游子意，落日故人情。

——李白《送友人》

【注释】**游子**：指在外远行的人。　**故人**：这里是李白自称。

【大意】天空中的白云像友人一样来去不定的身影，夕阳徐徐下山，似乎有所留恋，不忍离去，像是我对友人依依惜别的深情。

感时花溅泪，恨别鸟惊心。

——杜甫《春望》

【注释】**时：**时局。　　**溅泪：**落泪。

【大意】人为国家时局伤感，为家人离别而忧伤，看到花开也会落泪，听到鸟鸣也会让人心惊。

烽火连三月，家书抵万金。

——杜甫《春望》

【注释】**烽火：**战火。　　**三月：**指时间长。

【大意】如今已经是深春三月了，战争的烽烟仍没有熄灭，多么盼望能够得到家人的消息。这个时候的一封家书，比万两黄金还要珍贵。

浮云终日行，游子久不至。

——杜甫《梦李白》

【注释】**浮云：**比喻游子飘游不定。　　**游子：**此指李白。

【大意】天上浮云日日飘来飘去，远游的故人却久去不归。这句诗表现了游子漂流在外的思乡之情。

洛阳城里见秋风，欲作家书意万重。

——张籍《秋思》

【注释】**意万重：**形容要说的话，要表达的情感很多。

【大意】洛阳城里秋风起，想写家书，有千言万语要向亲人诉说。这句诗描写游子思家心切。

何当共剪西窗烛，却话巴山夜雨时。

——李商隐《夜雨寄北》

【注释】**何当：**何时。　**却话：**重头谈起。

巴山：泛指今天巴东地区一带。

【大意】什么时候能坐在西窗前和你共剪烛花，再来叙说巴山夜雨时的心情。这句诗抒发了作者怀念亲人的心情。

身无彩凤双飞翼，心有灵犀一点通。

——李商隐《无题》

【注释】**彩凤：**身上有彩色羽毛的凤。

灵犀：即犀牛角。古人认为犀牛是灵异之物。

【大意】意中人不在自己身边，虽然身上没有彩凤那样的翅膀，能够穿过千山无水，飞到你的身边，然而我们却彼此心心相印，像犀牛角一样，自有一线相通。

曾经沧海难为水，除却巫山不是云。

——元稹《离思》

【注释】**曾经**：曾经经历过。 **沧海**：大海。一说指渤海。

除却：除去；除了。

【大意】经历过浩瀚无边的沧海之后，别处的水就难以称得上是水了；同样，见过了神女峰上特别美丽的巫山之云，其他地方的云赶不上它的美丽，就不能叫作云了。

蜡烛有心还惜别，替人垂泪到天明。

——杜牧《赠别》

【注释】**垂泪**：流泪。

【大意】蜡烛也有惜别之心，像人一样，懂得离别的痛苦，知道主人公天明就要与恋人分别，一直在默默地垂泪，替人悲伤。

落叶他乡树，寒灯独夜人。

——马戴《灞上秋居》

【注释】**寒灯**：寒夜里的孤灯。

【大意】面对他乡树木落叶纷纷，寒夜的孤灯独照我一人。这句诗描写了萧瑟的秋景和寒夜孤灯的寂寞情景。

家在梦中何日到，春生江上几人还？

——卢纶《长安春望》

【注释】**春生**：一作“春归”，一作“春来”。

【大意】故园就在梦中，可是何时才能归还；冬去春来，江上舟来舟往，又有几人得以还家？

谁言寸草心，报得三春晖。

——孟郊《游子吟》

【注释】**寸草心**：小草的心意。形容子女对母爱的回报非常微小。

三春晖：比喻像春天般温暖的母爱。

【大意】谁说小草的心意，能报答春天阳光的恩情。这句诗寄托了儿女对母亲深厚炽烈的情意，也反衬出慈母之恩的广博和深重。

马上相逢无纸笔，凭君传语报平安。

——岑参《逢入京使》

【注释】**凭**：托。　**传语**：捎口信。

【大意】马背上与入京使相逢，却苦于没有纸笔，只好请他向我的家人捎个平安的口信。诗人用朴质的语言道出了对家乡亲人的惦念。

晨起动征铎，客行悲故乡。鸡声茅店月，人迹板桥霜。

——温庭筠《商山早行》

【注释】**铎：**车马的铃。 **客：**远行的人。

人迹：人的足印。

【大意】清晨出发，马背上的铃铛叮叮当当，在外的游子因为思念故乡而悲伤。鸡鸣阵阵，茅草店上空悬挂一轮残月，一夜秋霜，木桥上留下人们的串串脚印。

多情只是春庭月，犹为离人照落花。

——张泌《寄人》

【注释】**犹：**还，又。 **离人：**离别之人。

【大意】心爱的恋人离别了，只有院子上空的朗朗明月，曾是我们的见证，花落了，然而月光照在片片落花上，似乎还没有忘记我们当年结下的海誓山盟。

梦里不知身是客，一晌贪欢。

——李煜《浪淘沙》

【注释】**一晌**（shǎng）：一会儿，片刻。

贪欢：指贪恋梦境中的欢乐。

【大意】只有迷梦中忘掉自身是羁旅之客，才能享受片刻的欢娱。这句词深刻地表现了词人的亡国之痛和深切的思乡之情。

昨夜西风凋碧树，独上高楼，望尽天涯路。

——晏殊《蝶恋花》

【注释】**西风：**秋风。　**凋碧树：**使绿叶凋落。

天涯路：极远的路。

【大意】昨夜听到西风吹落树叶的声音，更加思念远在天涯的情人。一大早便一个人登上高楼，向远处眺望。

衣带渐宽终不悔，为伊消得人憔悴。

——柳永《蝶恋花》

【注释】**宽：**人瘦带松之意。　**伊：**她。

消得：值得。　**憔悴：**形容人消瘦，脸色不好。

【大意】我日思夜想，身体一天天地消瘦下来，面容憔悴，衣带也越来越松了。但是我爱她的心却始终不变，绝不后悔。

人言落日是天涯，望极天涯不见家。

——李觏《乡思》

【注释】**天涯：**天边。　**望极：**望尽。

【大意】人们说太阳落下的地方就是天涯，可是极目眺望天边，却看不到故乡，可见故乡在天涯之外。

莫道不消魂，帘卷西风，人比黄花瘦。

——李清照《醉花阴》

【注释】**西风**：秋风。　　**黄花**：菊花。

【大意】自从与你离别之后，我日思夜想，这愁苦的日子真让人难受，如今的我，就像帘外在秋风中飘荡的黄花一样，憔悴极了。

春风又绿江南岸，明月何时照我还？

——王安石《泊船瓜洲》

【注释】**绿**：吹绿。

【大意】温柔的春风又吹绿了大江南岸，可是，天上的明月呀，你什么时候才能够照着我回家呢？

问世间、情是何物？直教人生死相许！

——元好问《摸鱼儿》

【注释】**教**：让。

【大意】请问人世间，爱情究竟是一种什么样的东西？它竟然能让相爱的人以死相许，用生命来许下承诺！

江南几度梅花发，人在天涯鬓已斑。

——刘著《鹧鸪天·雪照山城玉指寒》

【注释】**发**：这里指开花。 **鬓**：鬓发。

斑：斑白。

【大意】江南的梅花已经花开花谢，几度春秋，而流落在天涯的离人两鬓的也染了风霜。

两情若是久长时，又岂在朝朝暮暮。

——秦观《鹊桥仙》

【注释】**岂**：难道。 **朝朝暮暮**：指朝夕相聚。

【大意】只要两人的情谊忠贞不渝，又何必贪恋这短暂的相聚时光呢。这句的意思是恋人之间忠贞不渝的真情并不需要短暂的相聚来维护。

山一程，水一程，身向榆关那畔行，夜深千帐灯。

——纳兰性德《长相思》

【注释】**榆关**：指山海关。

那畔：山海关的另一边，这里指关外。

【大意】一路上跋山涉水，向着山海关方向急行，夜深了，无数营帐中灯火犹明。

勤学惜时

少壮不努力，老大徒伤悲！

——汉乐府《长歌行》

【注释】**少壮**：年轻力壮。 **徒**：白白地。

【大意】青少年时期不努力，到老的时候就只能白白地悲伤叹息了！这句诗是劝勉人们应珍惜时光，努力奋斗。

奇文共欣赏，疑义相与析。

——陶渊明《移居》

【注释】**奇文**：好文章。 **析**：剖析文义。

【大意】与朋友谈古论今，发现好的文章就一起阅读欣赏，遇到疑难不解的问题就共同研究剖析。

盛年不重来，一日难再晨。

——陶渊明《杂诗》

【注释】**盛年**：壮年。

【大意】人的壮年过去了就不会再来了，一天过去了也不会再回到早晨。

黑发不知勤学早，白首方悔读书迟。

——颜真卿《劝学诗》

【注释】**黑发、白首**：是采用借代的修辞方法，借指青年和老年。

【大意】年轻时不知道及早勤奋学习，到了白发苍苍的时候就会后悔自己读书读得晚了。

读书破万卷，下笔如有神。

——杜甫《奉赠韦左丞丈二十二韵》

【注释】**破**：尽，遍。　**万卷**：极言其多。

如有神：才思风发，左右逢源，如有神助。

【大意】平时要博览群书，认真研究，细心体会，积累下丰富的知识和人生体验，这样，到创作诗歌的时候，自然会才思敏捷，如有神灵在暗中相助一样。

读书不觉已春深，一寸光阴一寸金。

——王贞白《白鹿洞》

【注释】**春深**：春末，晚春。

【大意】专心读书，不知不觉春天过完了，每一寸时间就像一寸黄金珍贵。

旧书不厌百回读，熟读深思子自知。

——苏轼《送安敦秀才失解西归》

【注释】**旧书**：经典的书。　　**熟读**：反复阅读。

【大意】经典的书要不厌其烦地读，熟读然后深思，书中的道理自然就知道了。

枕上诗书闲处好，门前风景雨来佳。

——李清照《摊破浣溪沙》

【注释】**诗书**：原为《诗经》和《尚书》的合称，后泛指书籍。

【大意】我靠着枕头看书，感到这样清闲地过日子非常惬意，倦了就可以欣赏一下门前的风景，遇到下雨天，门外宁静的自然风光在雨中别有情趣。

纸上得来终觉浅，绝知此事要躬行。

——陆游《冬夜读书示子聿》

【注释】**纸上**：指书本上。 **绝**：极，非常。

躬行：亲自实践。

【大意】书本上读来的知识终究感觉很肤浅，要深入理解、掌握某件事情必须亲自实践才能行。

少年易老学难成，一寸光阴不可轻。

——朱熹《偶成》

【注释】**轻**：轻视，怠慢。

【大意】青春的日子十分容易逝去，学问却很难获得成功，所以每一寸光阴都不可轻视。

明日复明日，明日何其多。我生待明日，万事成蹉跎。

——钱鹤滩《明日歌》

【注释】**蹉跎**：虚度光阴。

【大意】明天接着一个明天，有多少个明天。如果我们人生在世一直都在等待明天，一切事情都会错过，最终一事无成。

读万卷书，行万里路。

——董其昌《画旨》

【注释】**万卷书**：极言很多书。

【大意】要努力读书，让自己的才识过人。让自己的所学，能在生活中体现，同时增长见识，也就是理论结合实际，学以致用。

书到用时方恨少，事非经过不知难。

——佚名

【注释】**方**：才。

【大意】到需要用到书中的知识的时候才发现自己读书太少，没有经历过事情就不知道做事到底有多难。

佳期节日

独在异乡为异客，每逢佳节倍思亲。

——王维《九月九日忆山东兄弟》

【注释】**九月九日：**农历九月初九，这一天是我国的传统节日重阳节，现为我国的“敬老节”。

【大意】我独自在他乡做客，每到节日的时候就特别想念家中的亲人。这句诗表现了诗人浓浓的思乡之情。

待到重阳日，还来就菊花。

——孟浩然《过故人庄》

【注释】**重阳日：**指农历的九月初九。古人在这一天有登高、饮菊花酒的习俗。

还（huán）：返，来。

就菊花：指饮菊花酒，也是赏菊的意思。

【大意】等到重阳节的时候，再请你来这里观赏菊花。这句诗表现了作者与朋友之间深厚的友情。

春城无处不飞花，寒食东风御柳斜。

——韩翃《寒食》

【注释】**寒食：**即寒食节，我国古代的一个传统节日，清明的前一天（一说前两天）。 **御柳：**宫内的杨柳。

【大意】春日的京城柳絮纷纷扬扬，寒食节宫内的杨柳随春风摆动。

清明时节雨纷纷，路上行人欲断魂。

——杜牧《清明》

【注释】**清明：**节气名。每年公历四月五日前后。

断魂：形容十分悲伤。

【大意】清明时节细雨飘洒不停，路上行人内心悲伤愁闷。这句诗描写了清明时节淫雨霏霏，行旅之人凄迷的心情。

七夕今宵看碧霄，牵牛织女渡河桥。

——林杰《乞巧》

【注释】**碧霄：**浩瀚的青天。 **河：**银河。

乞巧：古代节日，在农历七月初七日，又名七夕。过去，七夕的民间活动主要是乞巧，即向织女乞求一双巧手。

【大意】七夕晚，人们抬头仰望浩瀚的天空，银河里，牛郎织女正跨过鹊桥相会。

桑柘影斜春社散，家家扶得醉人归。

——王驾《社日》

【注释】**春社**：古代祭祀土地神的节日叫社日。有春社和秋社。

桑柘：桑，桑树；柘（zhè），黄桑，桑树的一种。

【大意】傍晚时分，夕阳西下，门前的桑树在落日的余晖中，枝叶清疏，长长的树影斜斜地映在地上，春社刚刚散去，喝得醉醺醺的人们步履不稳，在亲人的搀扶下，走回家去。

但愿人长久，千里共婵娟。

——苏轼《水调歌头·丙辰中秋》

【注释】**共**：一起欣赏。　**婵娟**：指月亮。

【大意】只希望这世上所有人的亲人能平安健康，即便相隔千里，也能共享这美好的月光。

爆竹声中一岁除，春风送暖入屠苏。

——王安石《元日》

【注释】**屠苏**：酒名，用屠苏草浸泡而成。

元日：农历正月初一，即大年初一。

【大意】在爆竹声中送走了旧的一年，沐浴温暖的春风再喝一杯屠苏美酒。这句诗描写人们喜迎新春佳节的情景。

月上柳梢头，人约黄昏后。

——欧阳修《生查子·元夕》

【注释】**月**：此指农历十五的月亮。

【大意】月儿升起在柳树梢头，他约我黄昏以后同叙衷肠。这句词描写青年男女在柳树下约会的情景。

众里寻他千百度，蓦然回首，那人却在，灯火阑珊处！

——辛弃疾《青玉案·元夕》

【注释】**众里**：人群里。**蓦然**：偶然，不经意地。

阑珊：衰落的样子。指灯火稀少、将尽。

【大意】我在人群里到处寻找“他”，千百次都没有找到，正当我失望的时候，猛一回头，那个人却站在灯火稀少的地方。

哲学思辨

尺有所短，寸有所长。

——屈原《楚辞》

【注释】**短**：短小，不足。　　**长**：长大，有余。

【大意】尺长于寸，但是与更长的东西相比，就显得不足；寸比尺短，但与更短的东西相比，就显得有余。

采菊东篱下，悠然见南山。

——陶渊明《饮酒》

【注释】**东篱**：东边的篱笆。

【大意】诗人在东边的篱笆下采摘菊花，怡然自得，偶尔抬头，不经意间，看见了远处夕阳余晖照耀下的南山。

时危见臣节，世乱识忠良。

——鲍照《代出自蓟北门行》

【注释】**时危**：时局垂危，指敌情严重。　**节**：节操。

忠良：忠诚于君王的贤良人士。

【大意】在国家危难的时刻，才能真正考验出臣子的气节；在世道动荡的紧要关头，才能真正识别出谁是忠良之人。

疾风知劲草，板荡识诚臣。

——李世民《赐萧瑀》

【注释】**疾风**：猛烈的大风。　**劲**：强劲有力。

板荡：指世道动乱。　**诚臣**：忠臣。

【大意】猛烈的大风吹过以后，唯有劲草挺立，只有在这个时候才能知道什么样的草是坚韧的；时局动荡，形势危急的时候，才能识别谁是忠心耿耿的臣子。

海内存知己，天涯若比邻。

——王勃《送杜少府之任蜀川》

【注释】**海内**：四海之内，天下。古代的人们认为中国的周围都是海，所以称整个中国为海内。

比邻：邻居。唐朝的社会组织，五家相连为“比”，二十五家相连为“邻”。

【大意】在辽阔的国土上，只要是互相了解的知心好友，即便相隔天涯海角，仍能心志相通，和邻居一样亲近。

欲穷千里目，更上一层楼。

——王之涣《登鹳雀楼》

【注释】**欲穷：**想看到尽头。穷，尽，尽目力所及。

千里目：看到很远地方。

【大意】要使视野更加辽阔宽广，看到千里之外的美景，就需要再登上一层楼，站得更高一些。

人事有代谢，往来成古今。

——孟浩然《与诸子登岘山》

【注释】**代谢：**指人生的生死盛衰，更替变化。

【大意】人世间的事总是在不停地更替变化，日月推移，寒来暑往，时光不停地流逝，形成了从古到今的历史。

天生我材必有用，千金散尽还复来。

——李白《将进酒》

【注释】**散尽：**用光。

【大意】每个人生来都有天赋的才干，一定有自己的价值，黄金千两就算一时用尽，有一天也能重新赚回来。

长风破浪会有时，直挂云帆济沧海。

——李白《行路难》

【注释】**会**：当。 **有时**：有机会。

济：渡。 **沧海**：泛指大海。

【大意】前路虽然险阻，但总会有一天，我能高挂起云帆，乘着长风冲破万里波浪，直渡茫茫大海，在彼岸寻得一片光明的净土。

会当凌绝顶，一览众山小。

——杜甫《望岳》

【注释】**会当**：应当。 **凌**：登临，登上。

览：看。这里是往下看的意思。

【大意】一定要登上泰山的最高峰，在那里俯瞰群山，平时高耸的山峦就会变得非常矮小。

沉舟侧畔千帆过，病树前头万木春。

——刘禹锡《酬乐天扬州初逢席上见赠》

【注释】**沉舟**：沉没的船只。 **侧畔**：旁边。

病树：枯朽的树。 **万木春**：各种树木生机勃勃。

【大意】沉舟侧畔，正有千帆竞渡，奋勇向前；病树前头，更是万木争春，欣欣向荣。

草萤有耀终非火，荷露虽团岂是珠。

——白居易《放言五首》

【注释】**草萤**：古人认为萤火虫是腐草化生，故叫草萤。

耀：闪烁的光亮。 **团**：圆。

【大意】萤火虫尽管能发出光亮，但终归不是火；荷叶上的露珠，虽然浑圆晶莹，颇似珍珠，但终究不是珍珠。

试玉要烧三日满，辨材须待七年期。

——白居易《放言五首》

【注释】**试玉**：要验证玉的真伪，就要用火烧三天，如果不发热，才是真玉。

辨材：豫和章两种树木幼苗时非常相似，只有等到七年后成材才能分辨出来。

【大意】若要检验真玉还是假玉，就必须烧上三天三夜，不变热的就是真玉；豫（枕木）、章（樟木）是两种不同的树木，但是在幼苗时特别相似，不容易辨识，必须等到七年后才能分辨。

夕阳无限好，只是近黄昏。

——李商隐《乐游原》

【注释】**近**：临近。

【大意】夕阳西下，在余晖的映照下，乐游原上的景色无限美好，只不过已近黄昏时分，景虽美，但不久长。

庄生晓梦迷蝴蝶，望帝春心托杜鹃。

——李商隐《锦瑟》

【注释】**庄生：**指庄周。

望帝：即杜宇。传说为战国时蜀王，死后化作杜鹃鸟。

【大意】庄生梦见自己变成了蝴蝶，醒后感到迷惑，不知是自己梦中变为蝴蝶，还是蝴蝶变为自己；望帝死后化为杜鹃，在悲啼中寄托着春心春恨。

时人不识凌云木，直待凌云始道高。

——杜荀鹤《小松》

【注释】**凌云：**直上云霄。　**直待：**直到。

始：才，开始。

【大意】高大凌云的松树，在幼小的时候长在茂密的草丛里，见识浅薄的人不认识它们，等到它们长成参天大树，直插云霄时，人们才认识它们，称道它们多么高大。

有花堪折直须折，莫待无花空折枝。

——无名氏《金缕衣》

【注释】**花：**诗中象征青春。　**堪：**可以。

折：折取花朵。

【大意】青春是美好的，而又是短暂的，要倍加珍惜，不要等到青春不在了，像是没有花的空枝一样，才去珍惜。

山僧不解数甲子，一叶落知天下秋。

——无名氏

【注释】**不解**：不知道。　**甲子**：这里指纪年方法。

【大意】山里的僧人常年不能与外界接触，不知道用甲子的方式计算时间，也无须管它何年何月。一切听任自然，当看到一片树叶飘落下来，便知道又是一个秋天来了。

人生到处知何似？应似飞鸿踏雪泥。

——苏轼《和子由渑池怀旧》

【注释】**鸿**：鸿雁、大雁。　**雪泥**：雪后的泥地。

【大意】人生在世，行踪不定，像是什么？多像天空中飞翔的鸿雁，它南飞北归，飞来飞去，不断迁徙，偶然栖息。只留下脚爪在某处的雪地上踏过的痕迹。

不识庐山真面目，只缘身在此山中。

——苏轼《题西林壁》

【注释】**识**：知道；了解。　**真面目**：指真实的景色。

缘：因为。

【大意】看不清庐山的真实面目，只因为自己置身在庐山之中。这句诗告诉人们一个道理：只有从不同距离、不同角度去看待一件事物，才能领略到事物的全貌。

无可奈何花落去，似曾相识燕归来。

——晏殊《浣溪沙》

【注释】**无可奈何：**花开自有长落，是自然界的必然规律，喻指好事难长。

【大意】无可奈何，看着花瓣凋落，那似曾相识的燕子又飞回来了。

不畏浮云遮望眼，只缘身在最高层。

——王安石《登飞来峰》

【注释】**望眼：**远望的视线。　**只缘：**只因为。

【大意】不怕山间的浮云遮住远望的视线，是因为人已经站在山的最高峰。

万物静观皆自得，四时佳兴与人同。

——程颢《秋日》

【注释】**静观：**仔细观察。

【大意】静观万物，都可以得到自然的乐趣，人们对一年四季中美妙风光的兴致都是一样的。

近水楼台先得月，向阳花木早逢春。

——苏麟《断句》

【注释】**向阳**：朝向太阳的。　　**逢春**：获得春光的沐浴。

【大意】临水的楼台没有树木遮挡，空间开阔，最先得到天上的月光；向阳的花木因为阳光充足，生长条件好，春天里早早就得到发育，茁壮生长，很快便枝繁叶茂起来。

山重水复疑无路，柳暗花明又一村。

——陆游《游山西村》

【注释】**疑**：怀疑，疑为。

【大意】山连着山，水连着水，让人怀疑前面已无路可走，忽见柳树成荫、烂漫的山花，一个村庄又出现在眼前。

问渠哪得清如许，为有源头活水来。

——朱熹《观书有感》

【注释】**渠**：代词，相当于“它”，这里指塘水。

如许：像这样，这般地。

活水：流动的水。比喻学到的新知识，新道理。

【大意】问它为什么会这样地清澈明净，是因为它清澈的源头上有活水源源不断地流来。

向来枉费推移力，此日中流自在行。

——朱熹《观书有感》

【注释】**向来：**原来，一向。　**中流：**水流之中。

自在：自由。

【大意】江上行船，平时江水浅，浮力小，大船在水中搁浅，不管费多少人力也不见成效，而江水变深以后浮力增大，此时大船就能在江中自由自在地行驶。

艺术创作

远看山有色，近听水无声。

——王维《画》

【大意】远看高山色彩明亮，走近一听水却没有声音。

文章千古事，得失寸心知。

——杜甫《偶题》

【注释】**文章：**指创作。

【大意】著书立说是流传千古的大事，所以作者呕心沥血，构思提炼，反复修改，其中的酸甜苦辣、成败得失只有作者自己知道。

笔落惊风雨，诗成泣鬼神。

——杜甫《寄李十二白二十韵》

【注释】**笔落**：下笔写诗。

【大意】李白落笔写诗，像能调遣风雨一样令人感到惊奇，诗篇写成，其绮丽非凡的想象和超尘拔俗的人格魅力，鬼神也会为之感动得哭泣起来。

为人性僻耽佳句，语不惊人死不休。

——杜甫《江上值水如海势聊短述》

【注释】**性僻**：性情怪僻，偏爱。自谦之词。

耽：嗜好，沉溺于。

【大意】自己的性情有所偏爱，写诗总喜欢反复锤炼，刻意求工，创作出美好的句子来，如果写出的句子达不到惊人的效果，我是死也不肯罢休的。

此曲只应天上有，人间能得几回闻？

——杜甫《赠花卿》

【大意】这种乐曲只应该天上才有，人间能听到几回呢？

请君莫奏前朝曲，听唱新翻《杨柳枝》。

——刘禹锡《杨柳枝词》

【注释】**前朝曲**：指过去《梅花落》等旧曲子。

新翻：重新改作、创作新曲。

杨柳枝：汉乐府《横吹曲》旧题，原名《折杨柳》，歌词多借杨柳为题，托物抒情，因物寄兴。

【大意】前朝的曲虽然悦耳动听，但是已经陈旧了，劝你不要再演唱了；还是听听我新改编谱成的《杨柳枝》吧！

大弦嘈嘈如急雨，小弦切切如私语。嘈嘈切切错杂弹，大珠小珠落玉盘。

——白居易《琵琶行》

【注释】**大弦**：指最粗的弦。 **嘈嘈**：声音沉重抑扬。

小弦：指最细的弦。 **切切**：细促轻幽，急切细碎。

【大意】大弦悠长嘈嘈如暴风骤雨，小弦和缓幽细切切如有人私语。嘈嘈声切切声互为交错地弹奏，就像大珠小珠一串串掉落玉盘。

女娲炼石补天处，石破天惊逗秋雨。

——李贺《李凭箜篌引》

【注释】**逗**：引。

【大意】高亢激越的乐声直冲天宇，女娲炼石补天的地方，彩石陨落，乐曲像从天空的缺口的地方逗落的一场秋雨，倾泻而下。

二句三年得，一吟双泪流。

——贾岛《题诗后》

【注释】**得**：这里指写成。

【大意】我有两句诗是经历了三年的工夫才最后修改完成，心里特别珍爱。因此，每当我吟诵它的时候，都会激动得流下泪水。

如怨如慕，如泣如诉，余音袅袅，不绝如缕。

——苏轼《前赤壁赋》

【注释】**袅袅**：缠绵不绝的样子。

【大意】箫声呜呜咽咽，像是在哀怨，又像在思慕，像是在哭泣，又像在倾诉。余音像丝缕一般延绵不断。

天机云锦用在我，剪裁妙处非刀尺。

——陆游《九月一日夜读诗稿有感走笔作歌》

【注释】**天机**：天上织女的织布机。

云锦：织女织出的彩云般的锦绣。这里指好的诗句。

【大意】我对诗歌创作的技巧手法运用自如，就像织女能够随心所欲地织出彩云般的锦绣一样，美妙之处不是用一般的刀尺裁剪所能办到的。

一语天然万古新，豪华落尽见真淳。

——元好问《论诗三十首》

【注释】**豪华**：雕饰的诗句。　　**落尽**：去掉。

【大意】陶渊明的诗歌语言平淡自然，去除了雕琢浮夸的辞藻，这种淳朴的格调万古常新。

江山代有才人出，各领风骚数百年。

——赵翼《论诗》

【注释】**风骚**：指文学上有成就的人的地位和影响。

【大意】各个时代都有杰出的人才出现，他们各自在诗坛影响也会有数百年。